ドラゴンドリル

DRAGON WORKBOOK○○○○○

都道

JN048021

大昔，地球には強い力をもった
ドラゴンたちが生きていた。
しかしあるとき，ドラゴンたちは
ばらばらにされ，ふういんされてしまった…。
ドラゴンドリルは，
ドラゴンを ふたたび よみがえらせるための
アイテムである。

ここには，東の国にすむ
5ひきの「りゅうじん族」のドラゴンが
ふういんされているぞ。

ぼくのなかまを
ふっかつさせて！
ドラゴンマスターに
なるのはキミだ！

なかまドラゴン
ドラコ

もくじ

1

やみ夜を走る りゅうのにんじゃ

ドランカゲ

えに シールを はって,
ドラゴンを ふっかつさせよう!

タイプ：かぜ

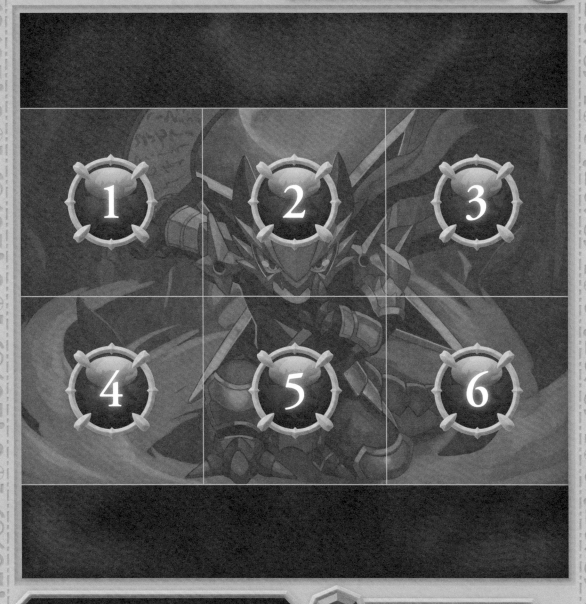

| 1 | 2 | 3 |
| 4 | 5 | 6 |

たいりょく	▰▰▰▰▱▱▱▱▱
こうげき	▰▰▰▰▰▱▱▱▱
ぼうぎょ	▰▰▰▰▱▱▱▱▱
すばやさ	▰▰▰▰▰▰▱▱▱

ひっさつわざ **大手裏剣斬** (だいしゅりけんざん)

せなかの大きな手裏剣を,
てきに向かって全力で
投げつける。

ドラゴンずかん

なまえ	ドランカゲ
タイプ	かぜ
ながさ	２メートル
おもさ	100 キログラム
すんでいるところ	森

やみの中をすばやく移動する，りゅうじん族のにんじゃ。
せなかに大きな手裏剣をそうびしている。体は小さいが，
さまざまなにん術を使って敵をほんろうする。

2

全てをきりさく風のさむらい

カザタチ

えに シールを はって，
ドラゴンを ふっかつさせよう！

タイプ：かぜ

7	8	9
10	11	12

たいりょく ▮▮▮▮▯▯▯▯▯▯

こうげき ▮▮▮▮▮▮▮▮▮▯

ぼうぎょ ▮▮▮▮▯▯▯▯▯▯

すばやさ ▮▮▮▮▮▮▮▮▯▯

ひっさつわざ **抜刀術・風流れ**
（ばっとうじゅつ・かぜながれ）

目をとじて敵（てき）の動きに
集中し，次のしゅん間に刀を
抜（ぬ）いて敵（てき）を真っ二つにする。

ドラゴンずかん

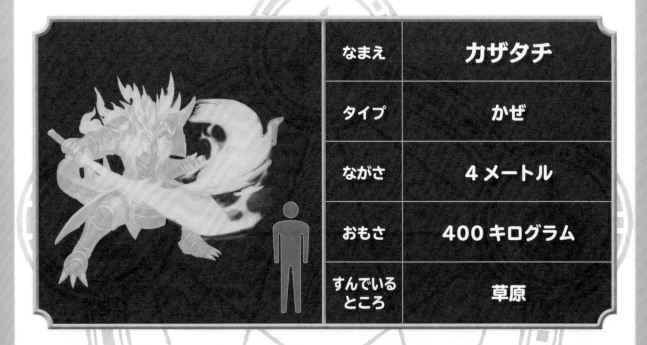

なまえ	カザタチ
タイプ	かぜ
ながさ	4メートル
おもさ	400キログラム
すんでいるところ	草原

風の門を守る，りゅうじんぞくのけんし。たくみなけん術を使い，長い刀をあやつって戦う。武道を大切にしており，ほこり高い性格。自分にきびしく，毎日修行をかかさない。

3

全てをくだくいかづちの武人

ライドウ

えに シールを はって,
ドラゴンを ふっかつさせよう！

タイプ：じめん・でんき

| 13 | 14 | 15 |
| 16 | 17 | 18 |

たいりょく ▮▮▮▮▮▮▮▮▮▮

こうげき ▮▮▮▮▮▮▮

ぼうぎょ ▮▮▮▮▮▮

すばやさ ▮▮▮▮

ひっさつわざ　**雷鳴地砕き**

武器にかみなりのエネルギー
を集め，地面をたたいて
地われをおこす。

ドラゴンずかん

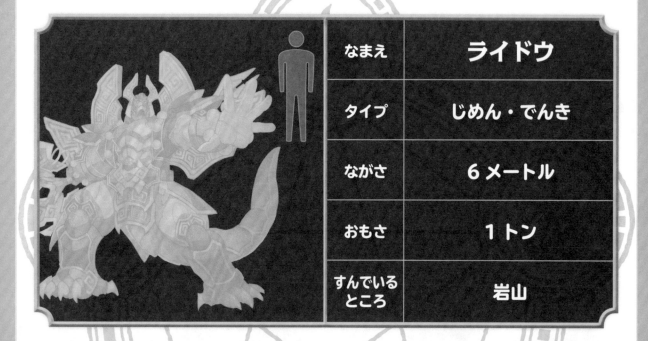

なまえ	ライドウ
タイプ	じめん・でんき
ながさ	6メートル
おもさ	1トン
すんでいる ところ	岩山

かみなりの門を守る，りゅうじん族の武人。とほうもないパワーとがんじょうな体で，あらあらしく戦う。どんなこうげきを受けても，決して敵に背中をむけることはない。

4

式神をあやつる竜の軍師

シンブカン

タイプ：かぜ

えに シールを はって，
ドラゴンを ふっかつさせよう！

19	20	21
22	23	24
25	26	27

たいりょく ▮▮▮▮▮▮▮▮▮▮

こうげき ▮▮▮▮▮▮▮▮▮▮

ぼうぎょ ▮▮▮▮▮▮▮▮▮▮

すばやさ ▮▮▮▮▮▮▮▮▮▮

ひっさつわざ **式竜の舞**

大量の紙できょだいな
ドラゴンをつくり出し，
敵をこうげきする。

ドラゴンずかん

なまえ	**シンプカン**
タイプ	かぜ
ながさ	９メートル
おもさ	３トン
すんでいるところ	山

じゅ文やうらないが得意な，りゅうじん族のしょうかんし。特別な札を使い，紙でできた式神をしょうかんしてたたかう。式神には，ドラゴン以外にもさまざまな生き物の種類がある。

5

全てをうちたおす無敵の将軍

エンブジン

タイプ：ほのお・じめん

えに シールを はって，
ドラゴンを ふっかつさせよう！

28	29	30
31	32	33
34	35	36

たいりょく ||||||||||

こうげき ||||||||||

ぼうぎょ ||||||||||

すばやさ ||||||||||

ひっさつわざ 龍撃乱舞

二本の刀をおどるように
あやつり，周りの敵を
次々となぎたおす。

ドラゴンずかん

なまえ	エンブジン
タイプ	ほのお・じめん
ながさ	12メートル
おもさ	6トン
すんでいる ところ	山

竜の城の主である，りゅうじん族のしょうぐん。ほのおのエネルギーを宿した，2本の刀を使って戦う。どんなに敵が多くても，全てを打ちたおす。頭にそうびしたかぶとは，最強の証だ。

地方区分と都道府県

8つの地方区分と，各地方にふくまれる都道府県を確認しましょう。

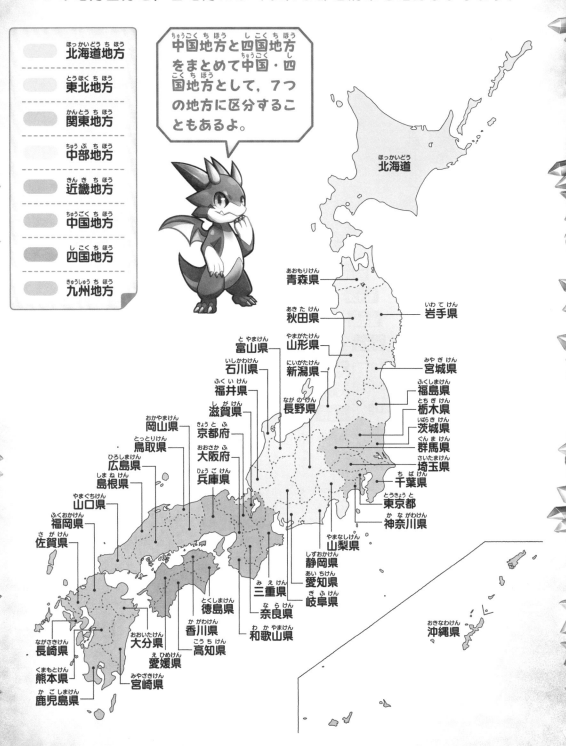

北海道地方

東北地方

関東地方

中部地方

近畿地方

中国地方

四国地方

九州地方

中国地方と四国地方をまとめて中国・四国地方として，7つの地方に区分することもあるよ。

北海道

青森県
秋田県
岩手県
宮城県
山形県
富山県
石川県
福井県
新潟県
長野県
福島県
栃木県
茨城県
群馬県
埼玉県
千葉県
東京都
神奈川県
山梨県
静岡県
愛知県
岐阜県
三重県
奈良県
和歌山県
滋賀県
京都府
大阪府
兵庫県
岡山県
鳥取県
広島県
島根県
山口県
福岡県
佐賀県
徳島県
香川県
高知県
大分県
愛媛県
長崎県
熊本県
宮崎県
鹿児島県
沖縄県

都道府県と都道府県庁所在地の名前や位置を確認しましょう。

都道府県の政治の中心となる，都道府県庁が置かれている都市が，都道府県庁所在地だよ。

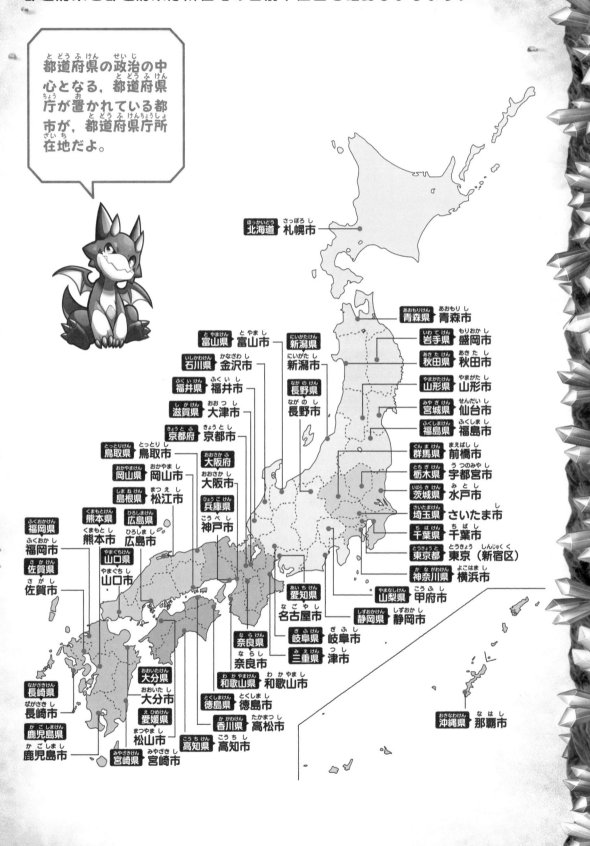

北海道　札幌市

青森県　青森市

岩手県　盛岡市

秋田県　秋田市

山形県　山形市

宮城県　仙台市

福島県　福島市

群馬県　前橋市

栃木県　宇都宮市

茨城県　水戸市

埼玉県　さいたま市

千葉県　千葉市

東京都　東京（新宿区）

神奈川県　横浜市

山梨県　甲府市

富山県　富山市

新潟県　新潟市

石川県　金沢市

福井県　福井市

長野県　長野市

滋賀県　大津市

京都府　京都市

鳥取県　鳥取市

大阪府　大阪市

岡山県　岡山市

島根県　松江市

兵庫県　神戸市

熊本県　熊本市

広島県　広島市

福岡県　福岡市

山口県　山口市

佐賀県　佐賀市

愛知県　名古屋市

静岡県　静岡市

岐阜県　岐阜市

三重県　津市

奈良県　奈良市

和歌山県　和歌山市

長崎県　長崎市

大分県　大分市

徳島県　徳島市

愛媛県　松山市

香川県　高松市

高知県　高知市

鹿児島県　鹿児島市

宮崎県　宮崎市

沖縄県　那覇市

主な自然の名前と位置

主な山地・山脈，島，半島の名前と位置を確認しましょう。

山地・山脈は，東日本では主に南北方向に，西日本では主に東西方向に連なっているよ。

択捉島

知床半島

国後島

下北半島

白神山地

奥羽山脈

佐渡島

能登半島

浅間山

飛騨山脈

中国山地

木曽山脈

房総半島

筑紫山地

富士山

赤石山脈

渥美半島

淡路島

志摩半島

桜島（御岳）

四国山地

紀伊山地

阿蘇山

屋久島

沖縄島

大島（奄美大島）

小笠原諸島

主な平野・盆地・台地，川，湖，海岸・湾の名前と位置を確認しましょう。

日本の川は，世界の川とくらべて長さが短く，流れが急なことが特ちょうだよ。

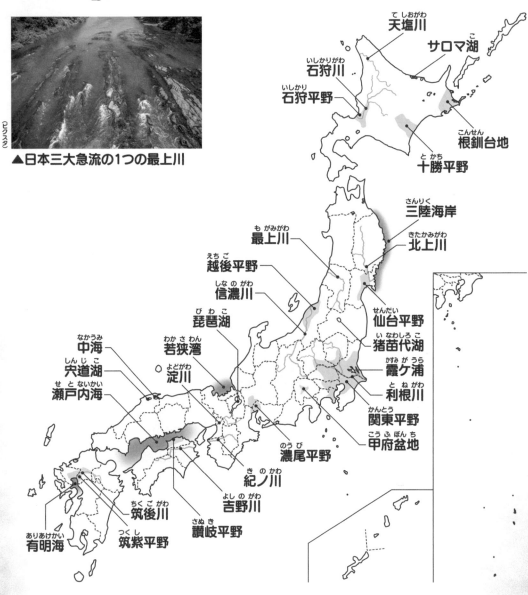

（ピクスタ）

▲日本三大急流の1つの最上川

天塩川（てしおがわ）
サロマ湖（こ）
石狩川（いしかりがわ）
石狩平野（いしかり）
根釧台地（こんせん）
十勝平野（とかち）

三陸海岸（さんりく）
最上川（もがみがわ）
北上川（きたかみがわ）
越後平野（えちご）
信濃川（しなのがわ）
仙台平野（せんだい）
琵琶湖（びわこ）
猪苗代湖（いなわしろこ）
中海（なかうみ）
若狭湾（わかさわん）
霞ケ浦（かすみがうら）
宍道湖（しんじこ）
淀川（よどがわ）
利根川（とねがわ）
瀬戸内海（せとないかい）
関東平野（かんとう）
甲府盆地（こうふぼんち）
濃尾平野（のうび）
紀ノ川（きのかわ）
吉野川（よしのがわ）
筑後川（ちくごがわ）
讃岐平野（さぬき）
有明海（ありあけかい）
筑紫平野（つくし）

16

1 地図中の①～⑧の地方の名前を書きましょう。

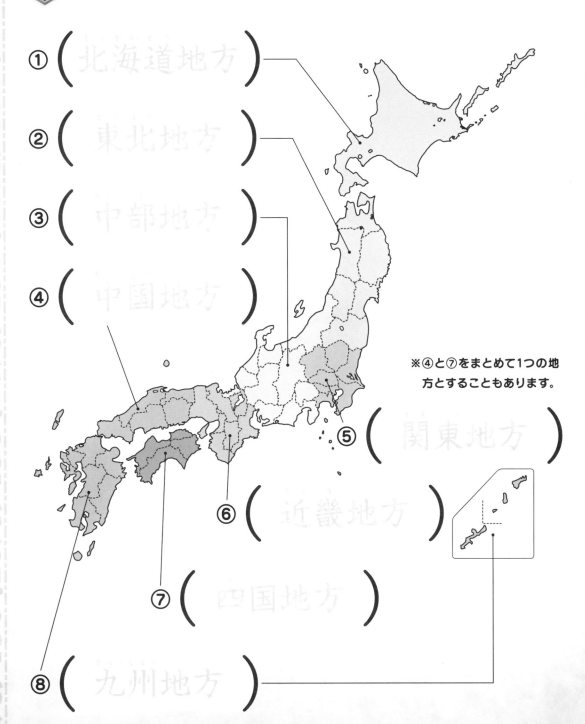

① (北海道地方)

② (東北地方)

③ (中部地方)

④ (中国地方)

※④と⑦をまとめて1つの地方とすることもあります。

⑤ (関東地方)

⑥ (近畿地方)

⑦ (四国地方)

⑧ (九州地方)

2 地図中の①〜⑧の地方の名前を書きましょう。

① ( )

② ( )

③ ( )

④ ( )

※④と⑦をまとめて1つの地方とすることもあります。

⑤ ( )

⑥ ( )

⑦ ( )

⑧ ( )

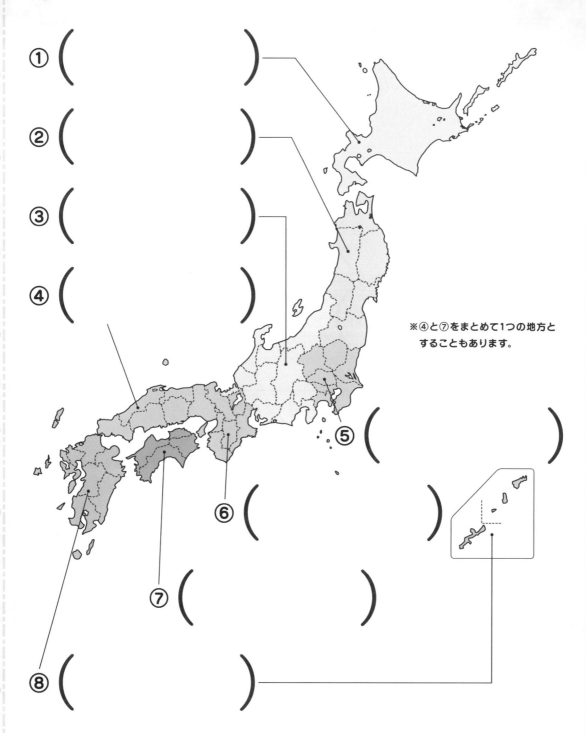

ドラゴンの
ひみつ
ドランカゲは主に夜に活動する。足音を全く立てずに走ることができる。

答え合わせをしたら，①のシールをはろう！

1 地図中の①〜⑦の都道府県の名前を書きましょう。

漢字で正しく
書けるように
なろうね。

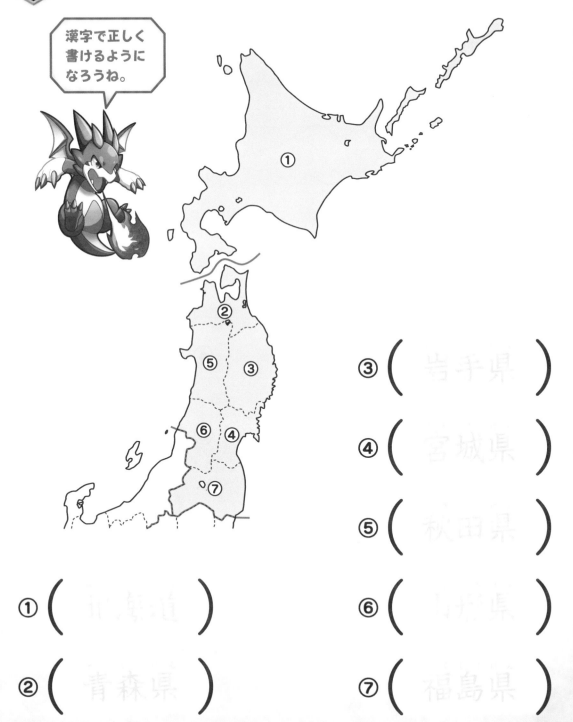

③ (岩手県)

④ (宮城県)

⑤ (秋田県)

① (北海道)

⑥ (山形県)

② (青森県)

⑦ (福島県)

❷ 地図中の①〜⑦の都道府県の名前を書きましょう。

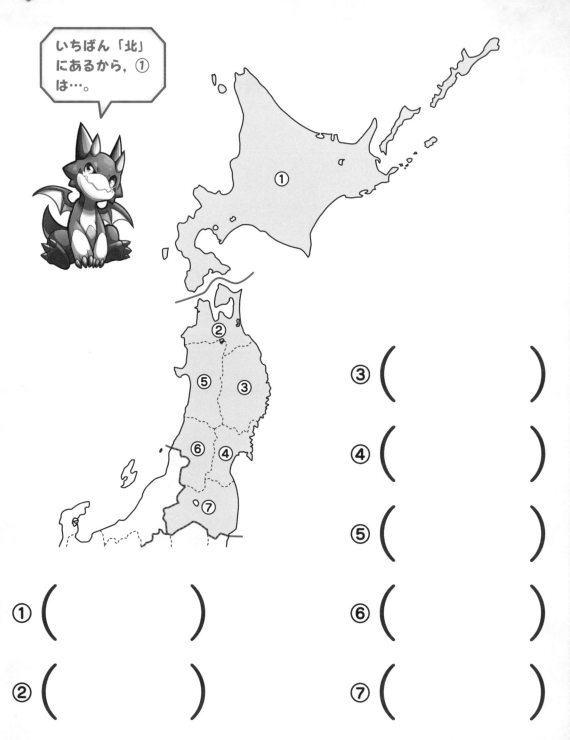

いちばん「北」にあるから，①は…。

③ (　　　　　　　)

④ (　　　　　　　)

⑤ (　　　　　　　)

① (　　　　　　　)

② (　　　　　　　)

⑥ (　　　　　　　)

⑦ (　　　　　　　)

ドラゴンのひみつ　ドランカゲはとても身軽で，敵のこうげきをかわすのが得意だ。

答え合わせをしたら，②のシールをはろう！

1 地図中の①〜⑦の都道府県（とどうふけん）の名前を書きましょう。

「いばらぎ」じゃなくて，「いばらき」だよ。

① (　茨城県　)　　② (　栃木県　)

③ (　群馬県　)　　④ (　埼玉県　)

⑤ (　千葉県　)　　⑥ (　東京都　)

⑦ (　神奈川県　)

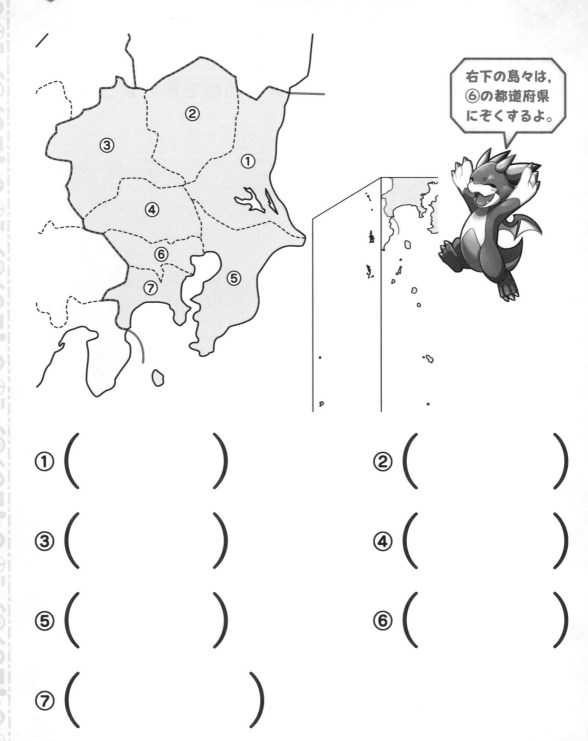

2 地図中の①～⑦の都道府県の名前を書きましょう。

右下の島々は、⑥の都道府県にぞくするよ。

① （　　　　　　　　）　　② （　　　　　　　　）

③ （　　　　　　　　）　　④ （　　　　　　　　）

⑤ （　　　　　　　　）　　⑥ （　　　　　　　　）

⑦ （　　　　　　　　）

ドラゴンのひみつ　ドランカゲはクナイや手裏けんなど、特しゅな武器を使って敵をこうげきする。

答え合わせをしたら、③のシールをはろう！

都道府県の名前③
中部地方

1 地図中の①～⑨の都道府県^{とどうふけん}の名前を書きましょう。

① （ 新潟県 ）　　② （ 富山県 ）

③ （ 石川県 ）　　④ （ 福井県 ）

⑤ （ 山梨県 ）　　⑥ （ 長野県 ）

⑦ （ 岐阜県 ）　　⑧ （ 静岡県 ）

⑨ （ 愛知県 ）

① (　　　　　　　　)　　② (　　　　　　　　)

③ (　　　　　　　　)　　④ (　　　　　　　　)

⑤ (　　　　　　　　)　　⑥ (　　　　　　　　)

⑦ (　　　　　　　　)　　⑧ (　　　　　　　　)

⑨ (　　　　　　　　)

ドラゴンの ひみつ　ドランカゲはじゅ文を唱えて，一しゅんで姿を消すことができる。

答え合わせをしたら，④のシールをはろう！

1 地図中の①～⑦の都道府県の名前を書きましょう。

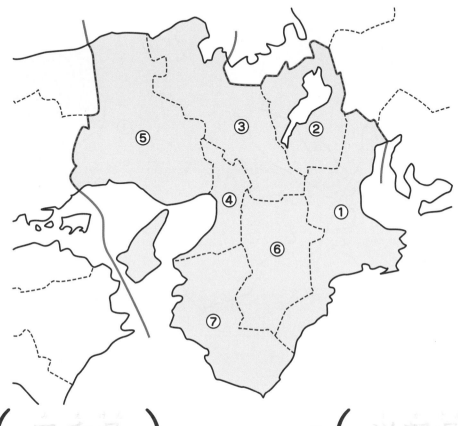

① (三重県)　　② (滋賀県)

③ (京都府)　　④ (大阪府)

⑤ (兵庫県)　　⑥ (奈良県)

⑦ (和歌山県)

地図中の①〜⑦の都道府県の名前を書きましょう。

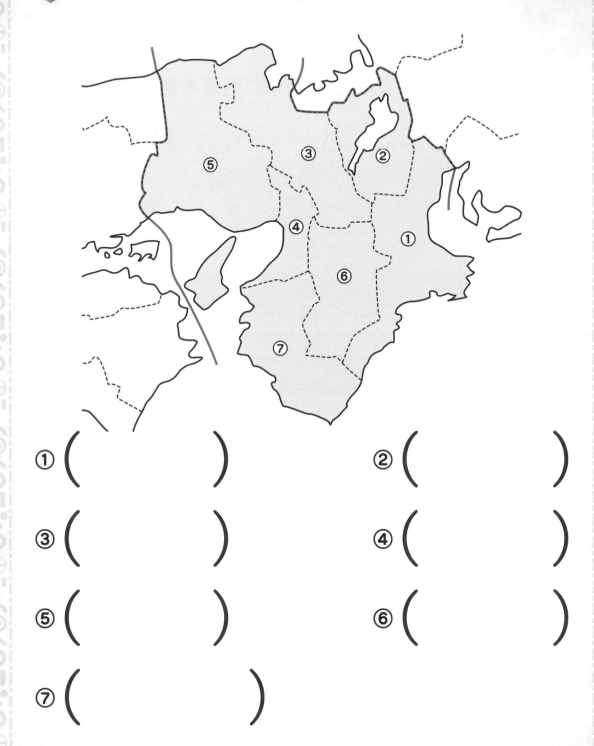

① (　　　　　　　　)　　　② (　　　　　　　　)

③ (　　　　　　　　)　　　④ (　　　　　　　　)

⑤ (　　　　　　　　)　　　⑥ (　　　　　　　　)

⑦ (　　　　　　　　)

ドラゴンの
ひみつ

ドランカゲは水の上や垂直なかべでも走る
ことができる。

答え合わせを
したら，⑤の
シールをはろう！

1 地図中の①～⑨の都道府県の名前を書きましょう。

① (鳥取県)　　② (島根県)

③ (岡山県)　　④ (広島県)

⑤ (山口県)　　⑥ (徳島県)

⑦ (香川県)　　⑧ (愛媛県)

⑨ (高知県)

② 地図中の①～⑨の都道府県の名前を書きましょう。

① (　　　　　　　　　)　　　② (　　　　　　　　　)

③ (　　　　　　　　　)　　　④ (　　　　　　　　　)

⑤ (　　　　　　　　　)　　　⑥ (　　　　　　　　　)

⑦ (　　　　　　　　　)　　　⑧ (　　　　　　　　　)

⑨ (　　　　　　　　　)

ドラゴンの
ひみつ

ドランカゲはどんなに強い敵を相手にして
も，ひるまずかかんに立ち向かう。

答え合わせを
したら，⑥の
シールをはろう！

① 地図中の①〜⑧の都道府県の名前を書きましょう。

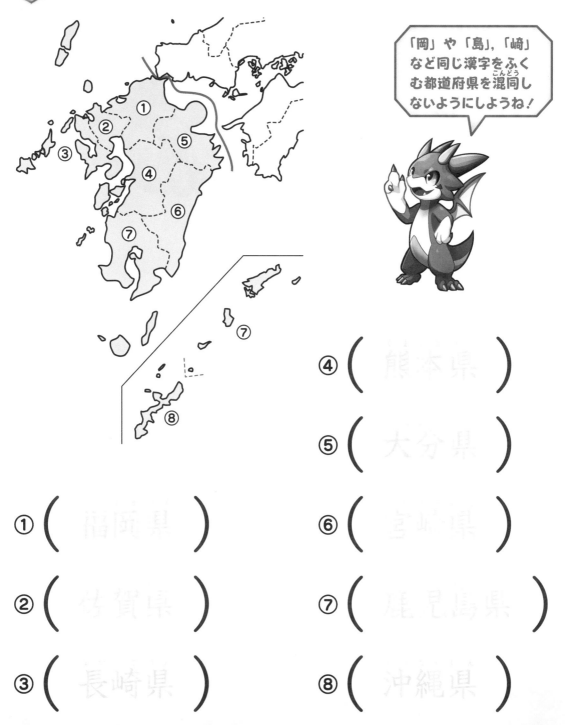

「岡」や「島」,「崎」など同じ漢字をふくむ都道府県を混同しないようにしようね！

④ (熊本県)

⑤ (大分県)

① (福岡県)

⑥ (宮崎県)

② (佐賀県)

⑦ (鹿児島県)

③ (長崎県)

⑧ (沖縄県)

2 **地図中の①〜⑧の都道府県の名前を書きましょう。**

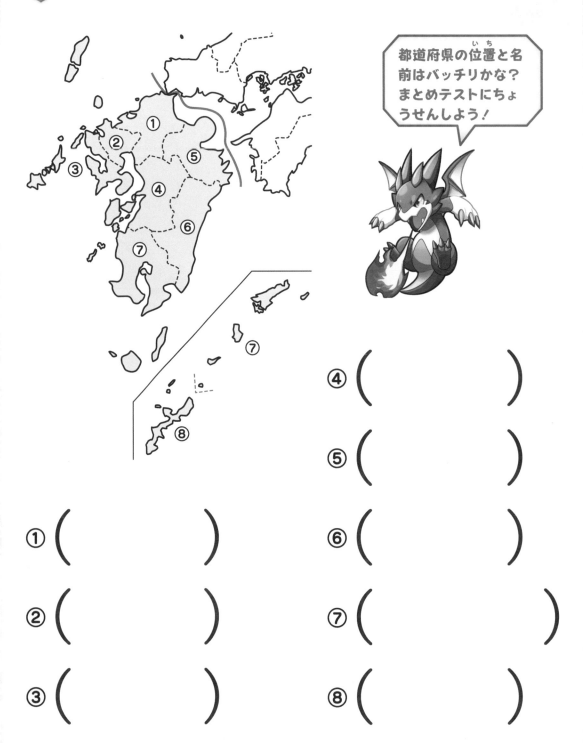

都道府県の位置と名前はバッチリかな？まとめテストにちょうせんしよう！

④ （　　　　　　　）

⑤ （　　　　　　　）

① （　　　　　　　）

② （　　　　　　　）

③ （　　　　　　　）

⑥ （　　　　　　　）

⑦ （　　　　　　　）

⑧ （　　　　　　　）

ドラゴンのひみつ　カザタチはクールな性格で，一人で行動することを好む。

答え合わせをしたら，⑦のシールをはろう！

まとめテスト①

1 地図中の①〜⑧の都道府県の名前を書きましょう。

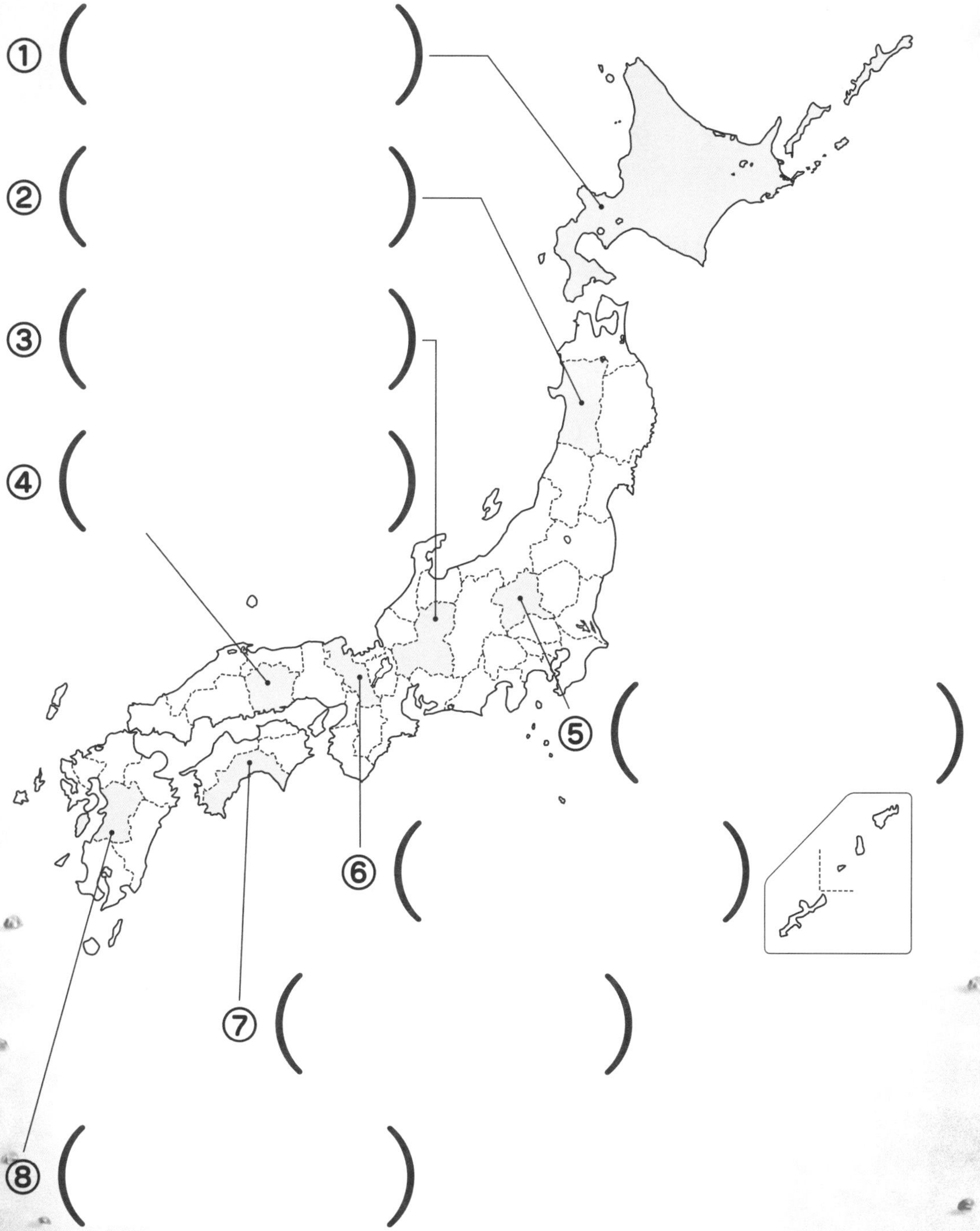

① (　　　　　　　　　　　)

② (　　　　　　　　　　　)

③ (　　　　　　　　　　　)

④ (　　　　　　　　　　　)

⑤ (　　　　　　　　　　　)

⑥ (　　　　　　　　　　　)

⑦ (　　　　　　　　　　　)

⑧ (　　　　　　　　　　　)

2 次の地方にある都道府県を選んで，記号に○をつけましょう。

① 東北地方 {
  ア 茨城県
  イ 山形県
}

② 中部地方 {
  ア 富山県
  イ 滋賀県
}

③ 中国地方 {
  ア 山口県
  イ 佐賀県
}

④ 九州地方 {
  ア 徳島県
  イ 大分県
}

3 次の都道府県がある地方の名前を書きましょう。

① 千葉県

（　　　　　地方）

② 和歌山県

（　　　　　地方）

③ 福井県

（　　　　　地方）

④ 福島県

（　　　　　地方）

各地方にある都道府県をすぐに言えるようになろう！

ドラゴンのひみつ　カザタチは，まばたきするよりも速く刀をぬく。相手は気がつくときられている。

答え合わせをしたら，⑧のシールをはろう！

都道府県庁所在地の名前①
北海道・東北地方

月　日

答え **90** ページ

1 地図中の①～⑦の都道府県庁所在地の名前を書きましょう。

都道府県名と名前がちがう都市は要チェック！

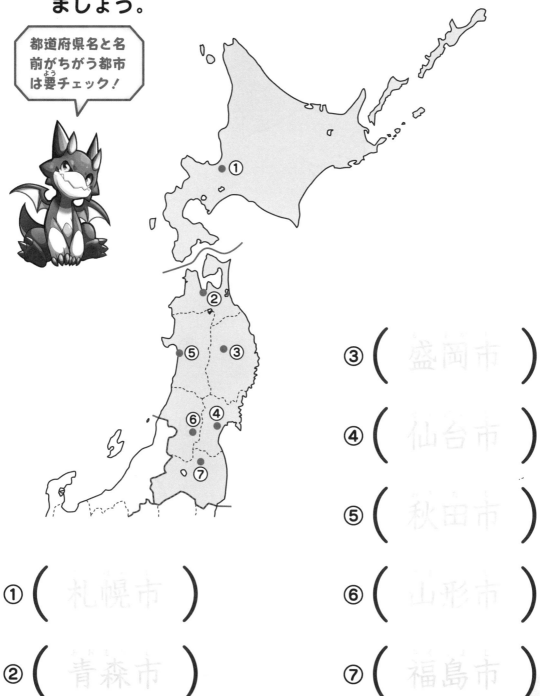

③ (盛岡市)

④ (仙台市)

⑤ (秋田市)

① (札幌市)

⑥ (山形市)

② (青森市)

⑦ (福島市)

2 地図中の①〜⑦の都道府県庁所在地の名前を書きましょう。

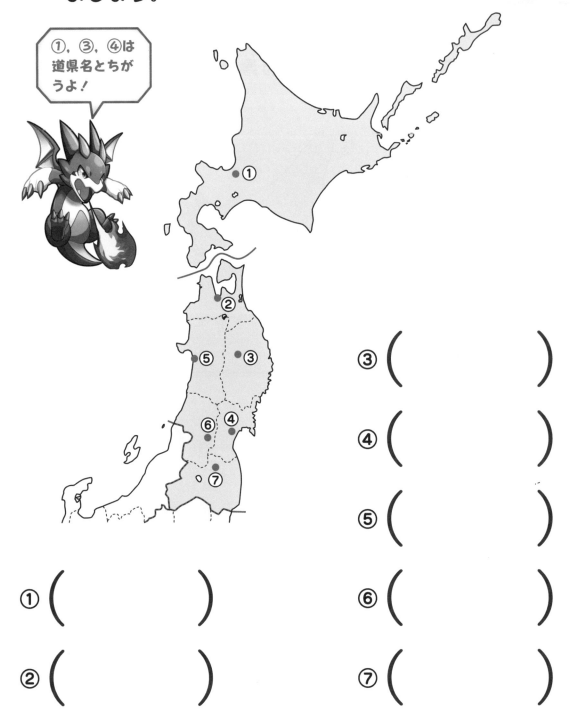

①，③，④は道県名とちがうよ！

③ (　　　　　　)

④ (　　　　　　)

⑤ (　　　　　　)

① (　　　　　　)

⑥ (　　　　　　)

② (　　　　　　)

⑦ (　　　　　　)

ドラゴンの
ひみつ

カザタチが持っている刀の名前は「龍切疾風
一文字」(りゅうぎりはやていちもんじ)という。

答え合わせを
したら，⑨の
シールをはろう！

10 都道府県庁所在地の名前② 関東地方

月　　　日

答え **91** ページ

① 地図中の①～⑦の都道府県庁所在地（とどうふけんちょうしょざいち）の名前を書きましょう。

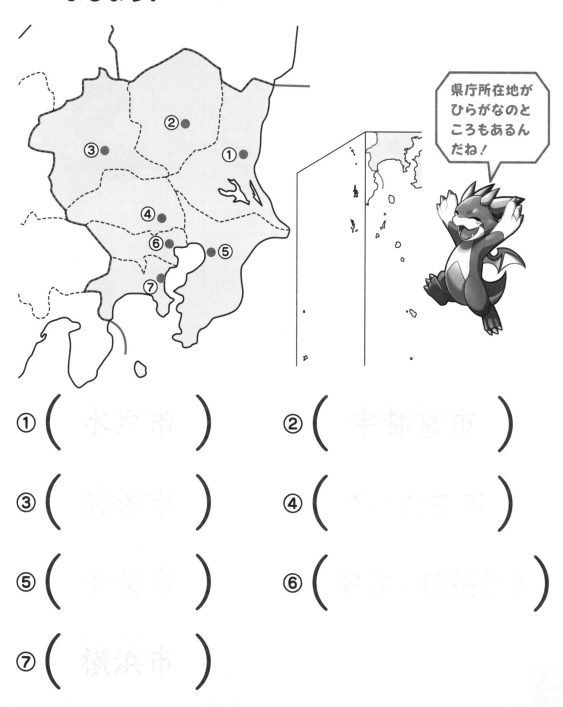

県庁所在地が
ひらがなのと
ころもあるん
だね！

① (水戸市)　　② (宇都宮市)

③ (前橋市)　　④ (さいたま市)

⑤ (千葉市)　　⑥ (東京都新宿区)

⑦ (横浜市)

35

2 地図中の①〜⑦の都道府県庁所在地の名前を書きましょう。

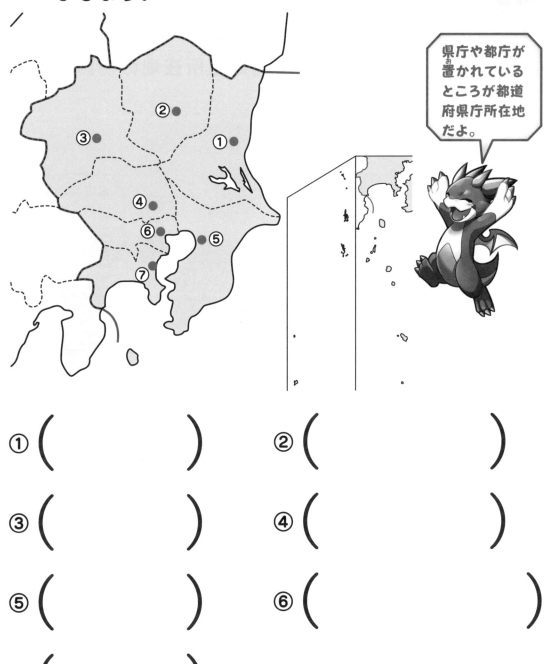

県庁や都庁が置かれているところが都道府県庁所在地だよ。

① (　　　　　　　　　　)　　② (　　　　　　　　　　)

③ (　　　　　　　　　　)　　④ (　　　　　　　　　　)

⑤ (　　　　　　　　　　)　　⑥ (　　　　　　　　　　　　)

⑦ (　　　　　　　　　　)

ドラゴンのひみつ　カザタチはひきょうなことがきらいで，正々堂々と勝負することにこだわる。

答え合わせをしたら，⑩のシールをはろう！

月　日

答え 91 ページ

1　地図中の①〜⑨の都道府県庁所在地の名前を書きましょう。

①（　新潟市　）　　②（　富山市　）

③（　金沢市　）　　④（　福井市　）

⑤（　甲府市　）　　⑥（　長野市　）

⑦（　岐阜市　）　　⑧（　静岡市　）

⑨（　名古屋市　）

2 地図中の①～⑨の都道府県庁所在地の名前を書きましょう。

① (　　　　　　　　　)　　② (　　　　　　　　　)

③ (　　　　　　　　　)　　④ (　　　　　　　　　)

⑤ (　　　　　　　　　)　　⑥ (　　　　　　　　　)

⑦ (　　　　　　　　　)　　⑧ (　　　　　　　　　)

⑨ (　　　　　　　　　)

ドラゴンの
ひみつ　　カザタチは毎日修行をして，けん術の技を
みがいている。

答え合わせを
したら，⑪の
シールをはろう！

1 地図中の①〜⑦の都道府県庁所在地の名前を書きましょう。

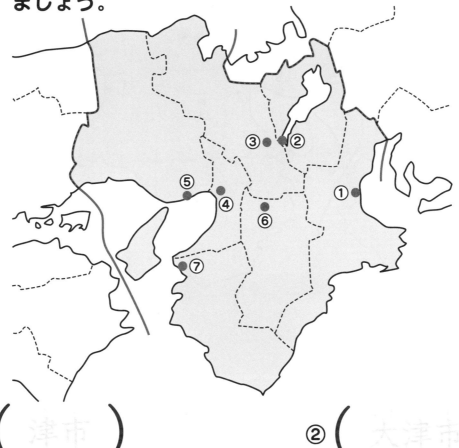

① (津市)

② (大津市)

③ (京都市)

④ (大阪市)

⑤ (神戸市)

⑥ (奈良市)

⑦ (和歌山市)

2 地図中の①～⑦の都道府県庁所在地(とどうふけんちょうしょざいち)の名前を書きましょう。

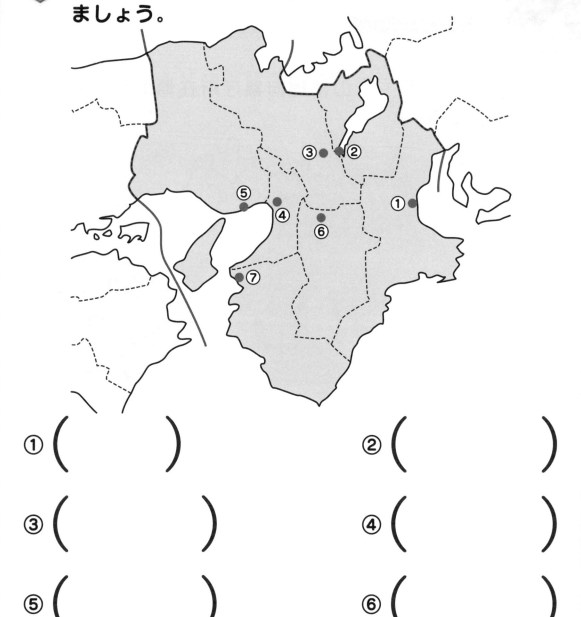

① (　　　　　　　)　　② (　　　　　　　)

③ (　　　　　　　)　　④ (　　　　　　　)

⑤ (　　　　　　　)　　⑥ (　　　　　　　)

⑦ (　　　　　　　)

ドラゴンのひみつ　カザタチはりゅう人族としてのほこりを強く持っている。

答え合わせをしたら，⑫のシールをはろう！

40

都道府県庁所在地の名前⑤
中国・四国地方

月　日

答え **91** ページ

1 地図中の①〜⑨の都道府県庁所在地の名前を書きましょう。

① (鳥取市)　　② (松江市)

③ (岡山市)　　④ (広島市)

⑤ (山口市)　　⑥ (徳島市)

⑦ (高松市)　　⑧ (松山市)

⑨ (高知市)

地図中の①〜⑨の都道府県庁所在地の名前を書きましょう。

① （　　　　　　　　　　　）　　② （　　　　　　　　　　　）

③ （　　　　　　　　　　　）　　④ （　　　　　　　　　　　）

⑤ （　　　　　　　　　　　）　　⑥ （　　　　　　　　　　　）

⑦ （　　　　　　　　　　　）　　⑧ （　　　　　　　　　　　）

⑨ （　　　　　　　　　　　）

ドラゴンの ひみつ　ライドウは力がとても強く，重い岩を片手で動かすことができる。

答え合わせをしたら，⑬のシールをはろう！

1 地図中の①～⑧の都道府県庁所在地の名前を書きましょう。

県名とちがうのは，⑧の都市だけだよ！漢字をしっかり覚えよう。

④ (熊本市)

⑤ (大分市)

① (福岡市)

⑥ (宮崎市)

② (佐賀市)

⑦ (鹿児島市)

③ (長崎市)

⑧ (那覇市)

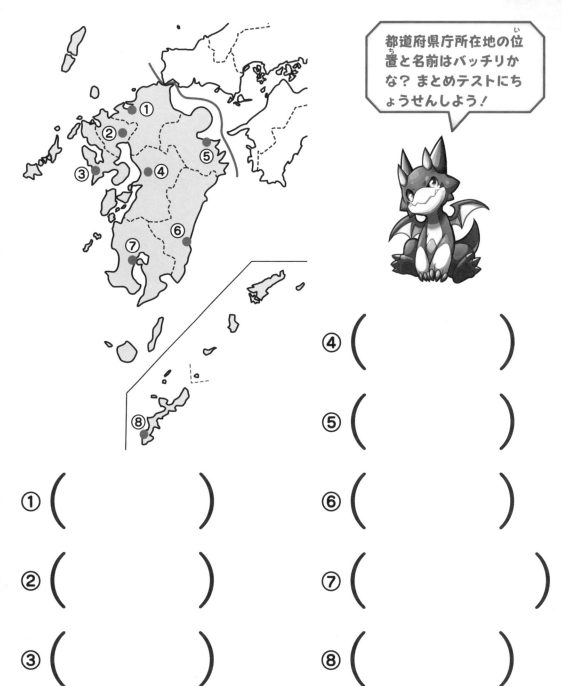

2 地図中の①～⑧の都道府県庁所在地の名前を書きましょう。

都道府県庁所在地の位置と名前はバッチリかな？ まとめテストにちょうせんしよう！

④ (　　　　　　　　)

⑤ (　　　　　　　　)

① (　　　　　　　　)

② (　　　　　　　　)

③ (　　　　　　　　)

⑥ (　　　　　　　　)

⑦ (　　　　　　　　)

⑧ (　　　　　　　　)

ドラゴンの ひみつ ライドウの装備についている青い玉には，パワーを増強する効果がある。

答え合わせをしたら，⑭のシールをはろう！

まとめテスト②

答え 92 ページ

1 地図中の①〜⑧の都道府県庁所在地の名前を書きましょう。

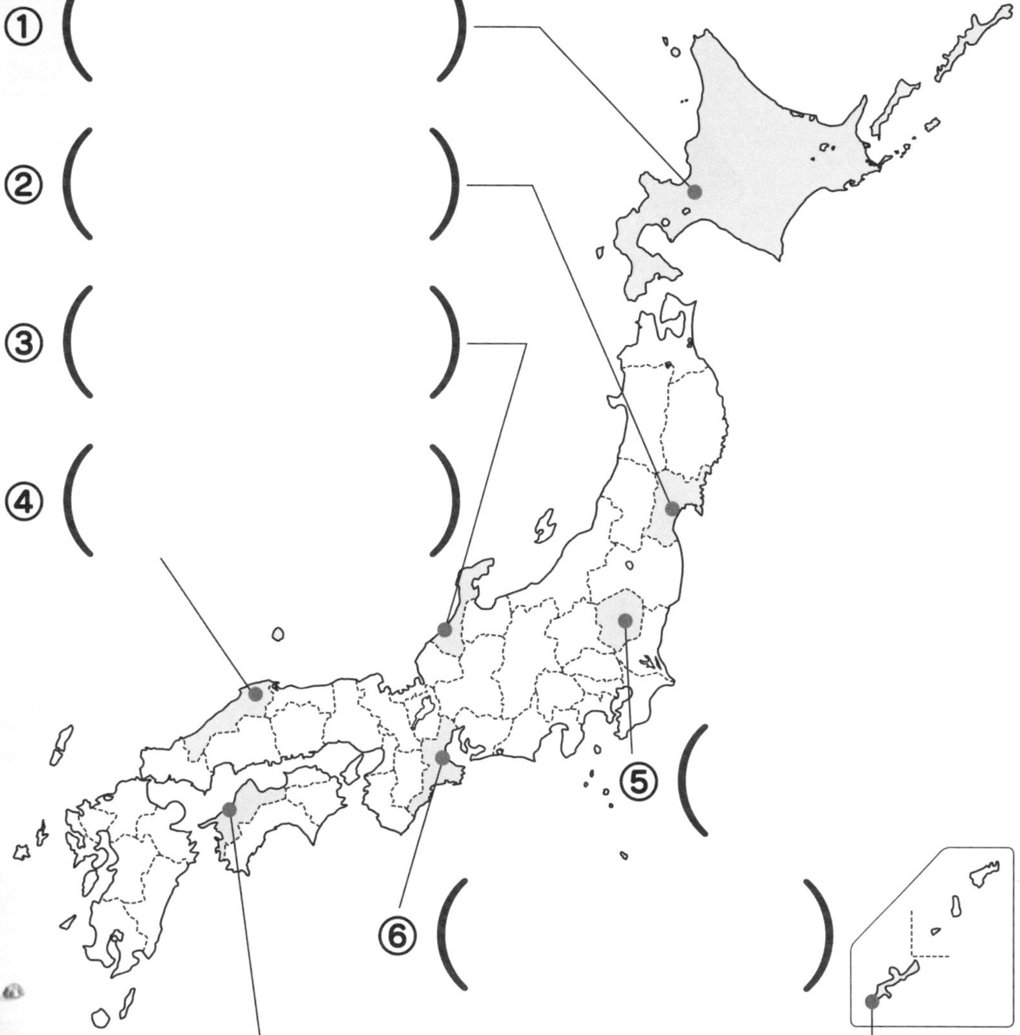

① (　　　　　　　　)

② (　　　　　　　　)

③ (　　　　　　　　)

④ (　　　　　　　　)

⑤ (　　　　　　　　)

⑥ (　　　　　　　　)

⑦ (　　　　　　　　)

⑧ (　　　　　　　　)

都道府県と都道府県庁所在地を正しく線で結びましょう。また、線でかこまれたアイテムに○をつけましょう。

山梨県 やまなしけん	◆	盛岡市 もりおかし

兵庫県 ひょうごけん	◆	神戸市 こうべし

香川県 かがわけん	◆	水戸市 みとし

岩手県 いわてけん	◆	甲府市 こうふし

茨城県 いばらきけん	◆	高松市 たかまつし

ドランカゲ

ドラゴンのひみつ ライドウは武器をブンブンと高速でふり回して、敵を寄せつけない。

答え合わせをしたら、⑮のシールをはろう！

16 都道府県の形①

月　日

答え 92 ページ

① 次の形をした都道府県を，下からそれぞれ選びましょう。

① （　　　　　　）

② （　　　　　　）

③ （　　　　　　）

④ （　　　　　　）

⑤ （　　　　　　）

⑥ （　　　　　　）

北海道　　　青森県　　　岩手県
宮城県　　　秋田県　　　山形県

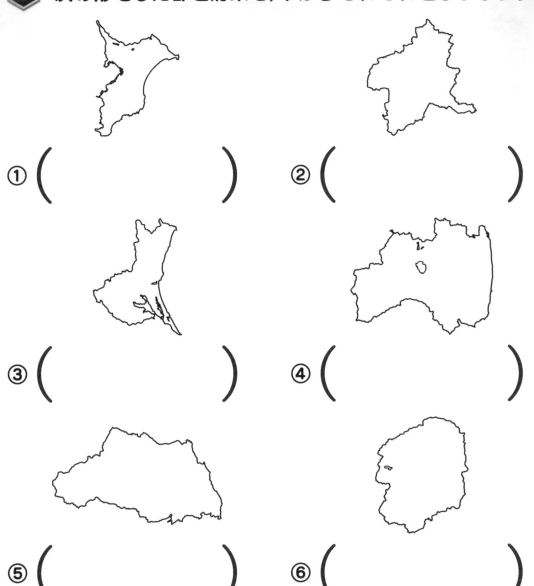

②　次の形をした都道府県を，下からそれぞれ選びましょう。

①（　　　　　　　　　　）　②（　　　　　　　　　　）

③（　　　　　　　　　　）　④（　　　　　　　　　　）

⑤（　　　　　　　　　　）　⑥（　　　　　　　　　　）

ふくしまけん　　　いばらきけん　　　とちぎけん
福島県　　　茨城県　　　栃木県
ぐんまけん　　　さいたまけん　　　ちばけん
群馬県　　　埼玉県　　　千葉県

ドラゴンの
ひみつ

ライドウは相手のこうげきをおそれずに，
真正面から受け止めて戦う。

答え合わせを
したら，⑯の
シールをはろう！

都道府県の形②

1 次の形をした都道府県を，下からそれぞれ選びましょう。

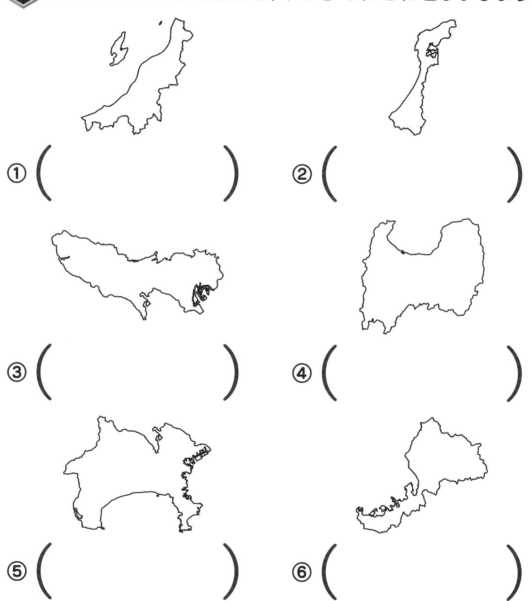

① (　　　　　　　　　)　　② (　　　　　　　　　)

③ (　　　　　　　　　)　　④ (　　　　　　　　　)

⑤ (　　　　　　　　　)　　⑥ (　　　　　　　　　)

東京都　　神奈川県　　新潟県

富山県　　石川県　　福井県

次の形をした都道府県を，下からそれぞれ選びましょう。

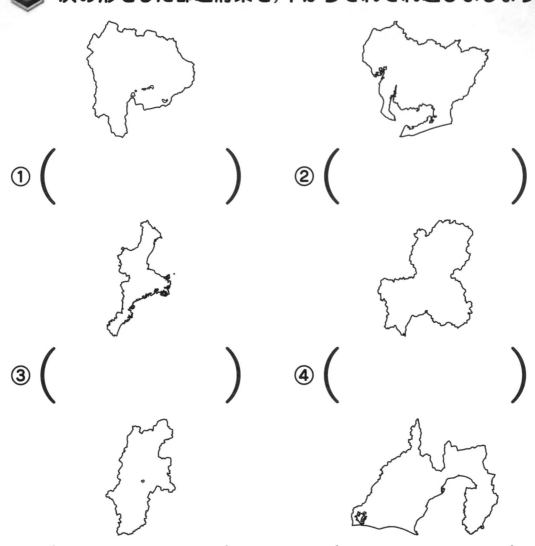

① (　　　　　　　　　) ② (　　　　　　　　　)

③ (　　　　　　　　　) ④ (　　　　　　　　　)

⑤ (　　　　　　　　　) ⑥ (　　　　　　　　　)

山梨県 やまなしけん	長野県 ながのけん	岐阜県 ぎふけん
静岡県 しずおかけん	愛知県 あいちけん	三重県 みえけん

ドラゴンの
ひみつ

ライドウは毎日険しい山にこもり，体をきたえている。

答え合わせをしたら，⑰のシールをはろう！

月　日

答え 92 ページ

1 次の形をした都道府県を，下からそれぞれ選びましょう。

① (　　　　　　　　　)

② (　　　　　　　　　)

③ (　　　　　　　　　)

④ (　　　　　　　　　)

⑤ (　　　　　　　　　)

⑥ (　　　　　　　　　)

滋賀県	京都府	大阪府
兵庫県	奈良県	和歌山県

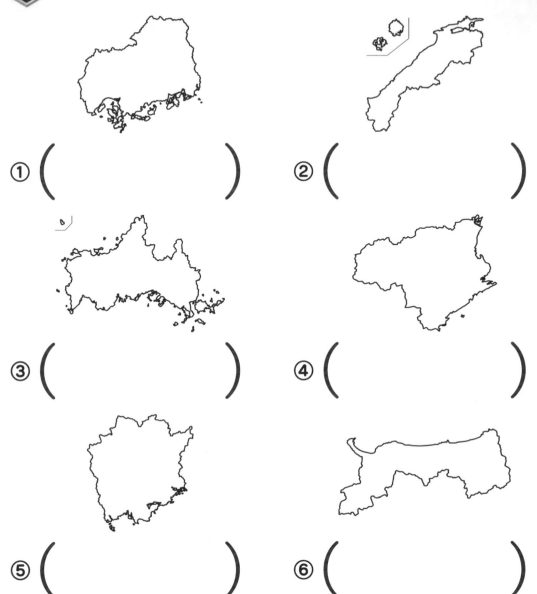

① (　　　　　　　　)　　② (　　　　　　　　)

③ (　　　　　　　　)　　④ (　　　　　　　　)

⑤ (　　　　　　　　)　　⑥ (　　　　　　　　)

とっとりけん	しまねけん	おかやまけん
鳥取県	島根県	岡山県
ひろしまけん	やまぐちけん	とくしまけん
広島県	山口県	徳島県

ドラゴンの ひみつ　ライドウとカザタチはおたがいを信らいし合っている。いっしょに修行をすることもある。

答え合わせを したら，⑱の シールをはろう！

19 都道府県の形④

月　日

答え 93 ページ

1 次の形をした都道府県を，下からそれぞれ選びましょう。

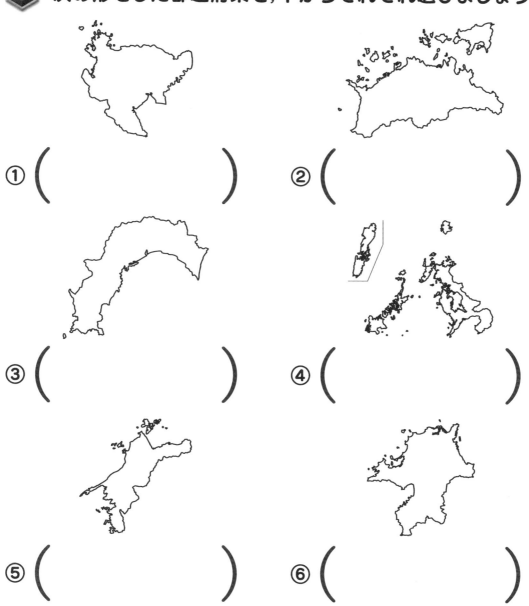

① (　　　　　　　　)　　② (　　　　　　　　)

③ (　　　　　　　　)　　④ (　　　　　　　　)

⑤ (　　　　　　　　)　　⑥ (　　　　　　　　)

| 香川県 | 愛媛県 | 高知県 |
| 福岡県 | 佐賀県 | 長崎県 |

② 次の形をした都道府県を，下からそれぞれ選びましょう。

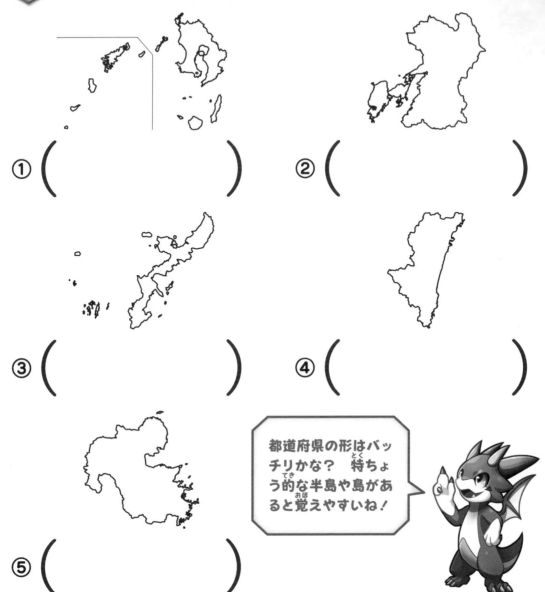

① （　　　　　　　）　　② （　　　　　　　）

③ （　　　　　　　）　　④ （　　　　　　　）

⑤ （　　　　　　　）

> 都道府県の形はバッチリかな？　特ちょう的な半島や島があると覚えやすいね！

くまもとけん 熊本県	おおいたけん 大分県	みやざきけん 宮崎県
かごしまけん 鹿児島県	おきなわけん 沖縄県	

ドラゴンのひみつ
シンブカンは自分では戦わない。さまざまな生き物の式神をしょうかんして戦う。

答え合わせをしたら，⑲のシールをはろう！

都道府県の特色①

 1 次の特色にあてはまる都道府県を下から選びましょう。

① 仙台七夕まつりが有名。
こけしのおみやげも人気。

（　　　　　　　　　　）

② 日本で最も北にあり，
面積も最も大きい。

（　　　　　　　　　　）

③ 本州の北のはしにある。
りんごの生産量は日本一。

（　　　　　　　　　　）

④ 面積は日本第2位。入り組ん
だ海岸でわかめの養しょく。

（　　　　　　　　　　）

養しょくとは，魚
や貝，海そうなど
を人の手で育てる
ことだよ。

| 北海道 | 青森県 | 岩手県 | 宮城県 |

② 次の特色にあてはまる都道府県を下から選びましょう。

① 面積は日本第3位。もももなど くだものづくりがさかん。

(　　　　　　　　　　)

② はくさいやメロンの生産がさ かん。水戸の納豆も有名。

(　　　　　　　　　　)

③ 米づくりがさかん。なまはげ やかまくらなどの伝統行事。

(　　　　　　　　　　)

④ さくらんぼの生産量は日本一。 将棋のこまのほとんどを生産。

(　　　　　　　　　　)

なまはげは, 大みそ かに, おにの面をつ けた人が木製の包丁 を持って家々を回る んだって。

| 秋田県 | 山形県 | 福島県 | 茨城県 |

ドラゴンの ひみつ　シンブカンの使う式神は, 大量の紙が組み 合わさってつくられている。

答え合わせを したら, ⑳の シールをはろう!

21 都道府県の特色②

 次の特色にあてはまる都道府県を下から選びましょう。

① キャベツなどの高原野菜を生産。高崎市のだるまも有名。

（　　　　　　　　　　　）

② ほうれんそうなどの野菜づくり。市の数は40で日本一。

（　　　　　　　　　　　）

③ 成田国際空港がある。らっかせいやしょうゆの生産で有名。

（　　　　　　　　　　　）

④ いちごの生産量は日本一。日光は有名な観光地。

（　　　　　　　　　　　）

④の有名ないちごの品種に「とちおとめ」があるよ。

栃木県　　群馬県　　埼玉県　　千葉県

② 次の特色にあてはまる都道府県を下から選びましょう。

① 日本の首都で，人口は日本一。
浅草寺などが観光客に人気。

（　　　　　　　　）

② 米の生産量は日本一。
とくにコシヒカリが有名。

（　　　　　　　　）

③ 人口は日本第2位。横浜や川
崎は京浜工業地帯の中心地。

（　　　　　　　　）

④ チューリップの球根を生産。
薬売りが昔から有名。

（　　　　　　　　）

③の横浜といえば，
中華街やしゅうまい
も有名だね。

東京都	神奈川県	新潟県	富山県

**ドラゴンの
ひみつ**　シンプカンの使う式神は，紙でできている
がとてもがんじょうだ。

答え合わせを
したら，㉑の
シールをはろう！

次の特色にあてはまる都道府県を下から選びましょう。

① めがねわくの生産量が日本一。越前がにも有名。

（　　　　　　　　　　）

② 輪島塗や加賀友禅が有名。日本三名園の1つの兼六園がある。

（　　　　　　　　　　）

③ 8つの県とせっしている。ぶどうやりんごの生産がさかん。

（　　　　　　　　　　）

④ ぶどうとももの生産量は日本一。ワインも有名。

（　　　　　　　　　　）

8つの県とせっしている県はどこだろう？　右の地図でさがしてみよう。

石川県　　福井県　　山梨県　　長野県

① 豊田市は自動車工業の中心地。渥美半島できくやメロンの生産。

(　　　　　)

② 牧ノ原は茶の一大産地。浜松市で楽器やオートバイの生産。

(　　　　　)

③ 志摩半島の英虞湾で真じゅの養しょく。伊勢神宮も有名。

(　　　　　)

④ 刃物やちょうちんの生産がさかん。美濃焼も有名。

(　　　　　)

②の浜名湖では，うなぎの養しょくがさかんだよ。

岐阜県　　　静岡県　　　愛知県　　　三重県

ドラゴンの
ひみつ

シンプカンの使う式神のうち，ドラゴンの式神がもっとも強い。

答え合わせをしたら，㉒のシールをはろう！

都道府県の特色④

答え 93 ページ

 次の特色にあてはまる都道府県を下から選びましょう。

① 琵琶湖は「近畿地方の水がめ」とよばれる。信楽焼も有名。

（　　　　　　　　）

② 淡路島でたまねぎを生産。姫路城は世界遺産に登録。

（　　　　　　　　）

③ 江戸時代に「天下の台所」とよばれた。人口は日本第3位。

（　　　　　　　　）

④ 金閣や銀閣は世界遺産に登録。西陣織や清水焼も有名。

（　　　　　　　　）

③は，たこ焼き，くしカツ，お好み焼きなどが有名だね。

滋賀県　　京都府　　大阪府　　兵庫県

61

2 次の特色にあてはまる都道府県を下から選びましょう。

① みかん，かき，うめの生産量は日本一。

（　　　　　　　　）

② 宍道湖でしじみ漁。出雲大社は多くの人がおとずれる。

（　　　　　　　　）

③ 日本最大級の砂丘がある。二十世紀なしが有名。

（　　　　　　　　）

④ 吉野すぎが有名。法隆寺や大仏のある東大寺は世界遺産。

（　　　　　　　　）

③は，日本一人口が少ない県だよ。

奈良県　　和歌山県　　鳥取県　　島根県

ドラゴンのひみつ　シンブカンはうらないができる。うらないで天気を予想したり，敵の作戦を読んだりする。

答え合わせをしたら，㉓のシールをはろう！

1 次の特色にあてはまる都道府県を下から選びましょう。

① すだちの生産量は日本一。
阿波おどりが有名。

（　　　　　　　　　）

② 下関港のふぐの水あげが有名。
関門橋などで九州と結ばれる。

（　　　　　　　　　）

③ 厳島神社と原爆ドームは世界
遺産。かきの養しょくがさかん。

（　　　　　　　　　）

④ ももやマスカットを生産。瀬
戸大橋で香川県と結ばれる。

（　　　　　　　　　）

④の倉敷市は，学生
服やジーンズの生産
で有名だよ。

岡山県　　広島県　　山口県　　徳島県

② 次の特色にあてはまる都道府県を下から選びましょう。

① みかんの生産や真じゅの養しょくがさかん。道後温泉が有名。

(　　　　　　　　　)

② オリーブの生産量は日本一。さぬきうどんが有名。

(　　　　　　　　　)

③ いちごの生産がさかん。苅田町で自動車工業が発展。

(　　　　　　　　　)

④ なすの生産量は日本一。よさこい祭りが有名。

(　　　　　　　　　)

③のいちごは、「あまおう」という品種が有名だよ。

| 香川県 | 愛媛県 | 高知県 | 福岡県 |

ドラゴンの
ひみつ

シンプカンは，じゅ文を使って仲間を治りょうすることができる。

答え合わせをしたら，㉔のシールをはろう！

都道府県の特色⑥

 次の特色にあてはまる都道府県を下から選びましょう。

① 阿蘇山がある。トマトやすい
かの生産量は日本一。

（　　　　　　　　　）

② 島の数は日本一。
びわの生産がさかん。

（　　　　　　　　　）

③ 有明海でのりを養しょく。
伊方里・有田焼が有名。

（　　　　　　　　　）

④ かぼすの生産量は日本一。別
府温泉や由布院温泉が有名。

（　　　　　　　　　）

対馬や壱岐, 五島列
島も②の県にぞくし
ているんだ。

佐賀県　　長崎県　　熊本県　　大分県

2 次の特色にあてはまる都道府県を下から選びましょう。

① さとうきびの生産量は日本一。
首里城やエイサーなどの文化。

（　　　　　　　　　）

② きゅうりやピーマンを生産。
肉牛や肉用にわとりを飼育。

（　　　　　　　　　）

③ さつまいもの生産量は日本一。
「○○○○黒ぶた」が有名。

（　　　　　　　　　）

さつまいもの「さつ
ま」は、③の県の昔
の国名なんだ。

宮崎県　　　鹿児島県　　　沖縄県

ドラゴンの
ひみつ

シンプカンは頭がよく、さまざまな作戦を知っ
ている。戦いのときはエンブジンに助言をする。

答え合わせを
したら、㉕の
シールをはろう！

26 まとめテスト③

月　日

94 ページ

---

1 次の特色にあてはまる都道府県を下から選びましょう。

① 島の数は日本一。
びわの生産がさかん。

（　　　　　　　　）

② 厳島神社と原爆ドームは世界
遺産。かきの養しょくがさかん。

（　　　　　　　　）

③ 淡路島でたまねぎを生産。
姫路城は世界遺産に登録。

（　　　　　　　　）

④ 豊田市は自動車工業の中心地。
渥美半島できくやメロンの生産。

（　　　　　　　　）

⑤ 成田国際空港がある。らっか
せいやしょうゆの生産で有名。

（　　　　　　　　）

⑥ 本州の北のはしにある。
りんごの生産量は日本一。

（　　　　　　　　）

青森県　　　千葉県　　　愛知県

兵庫県　　　広島県　　　長崎県

② 都道府県と都道府県の形を正しく線で結びましょう。
また，線でかこまれたアイテムに○をつけましょう。

静岡県（しずおかけん） ◆　　　　　　　◆

新潟県（にいがたけん） ◆

◆

大分県（おおいたけん） ◆　　　　　　　◆

香川県（かがわけん） ◆　　　　　　　◆

北海道（ほっかいどう） ◆　　　　　　　◆

大阪府（おおさかふ） ◆　　　　　　　◆

答え合わせを
したら，㉖の
シールをはろう！

1 地図中の①〜⑥の地形の名前を書きましょう。

① （ 石狩川 ）

日本で3番目に長い川。
まわりの平野で米づくりがさかん。

② （ 十勝平野 ）

じゃがいもや小麦などの
大きな畑が広がる。

③ （ 白神山地 ）

天然（てんねん）のぶな林が広がり，
世界自然遺産（しぜんいさん）に登録（とうろく）されている。

④ （ 奥羽山脈 ）

「東北（とうほく）地方のせぼね」とよばれる。

⑤ （ 最上川 ）

日本三大急流の1つ。
まわりの平野で米づくりがさかん。

⑥ （ 三陸海岸 ）

入り江（え）と岬（みさき）が入り組んだリアス海岸。
わかめなどの養（よう）しょくがさかん。

漢字で書ける
ようになろう
ね！

2 地図中の①〜⑥の地形の名前を書きましょう。

① （　　　　　　　　　　　）

日本で3番目に長い川。
まわりの平野で米づくりがさかん。

② （　　　　　　　　　　　）

じゃがいもや小麦などの
大きな畑が広がる。

③ （　　　　　　　　　　　）

天然のぶな林が広がり，
世界自然遺産に登録されている。

④ （　　　　　　　　　　　）

「東北地方のせぼね」とよばれる。

⑤ （　　　　　　　　　　　）

日本三大急流の1つ。
まわりの平野で米づくりがさかん。

⑥ （　　　　　　　　　　　）

入り江と岬が入り組んだリアス海岸。
わかめなどの養しょくがさかん。

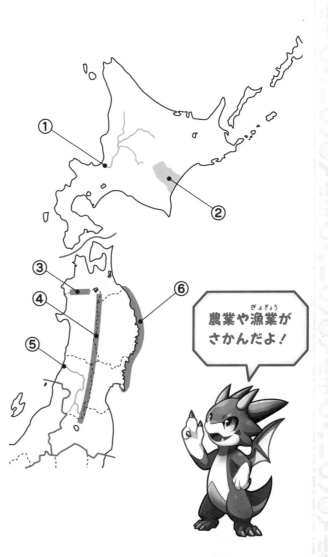

農業や漁業が
さかんだよ！

 **ドラゴンの
ひみつ** シンブカンはエンブジンに忠誠をちかって
いる。

答え合わせを
したら，㉗の
シールをはろう！

関東地方

■1　地図中の①〜⑥の地形の名前を書きましょう。

① (　浅間山　)

火山活動が活発。ふもとでは，キャベツづくりがさかん。

② (　関東平野　)

日本一広い平野。関東ローム_{かんとう}とよばれる赤土におおわれる。

③ (　霞ヶ浦　)

日本で2番目に大きな湖。

④ (　利根川　)

日本で2番目に長い川。「坂東太郎」_{ばんどう たろう}の別名_{べつめい}がある。

⑤ (　房総半島　)

千葉県の面積_{めんせき}の大部分をしめる。南部で花のさいばいがさかん。

⑥ (　小笠原諸島　)

めずらしい動植物がみられ，世界自然遺産_{し ぜん い さん}に登録_{とうろく}されている。

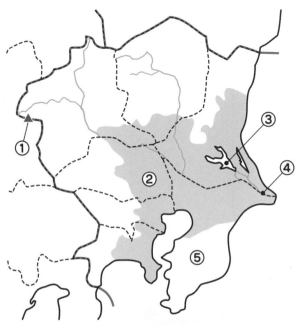

⑥の島々は，都心から約_{やく}1000km南にあるんだよ。

71

地図中の①〜⑥の地形の名前を書きましょう。

① (　　　　　　　　　　)

火山活動が活発。ふもとでは,
キャベツづくりがさかん。

② (　　　　　　　　　　)

日本一広い平野。関東ロームと
よばれる赤土におおわれる。

③ (　　　　　　　　　　)

日本で2番目に大きな湖。

④ (　　　　　　　　　　)

日本で2番目に長い川。
「坂東太郎」の別名がある。

⑤ (　　　　　　　　　　)

千葉県の面積の大部分をしめる。
南部で花のさいばいがさかん。

⑥ (　　　　　　　　　　)

めずらしい動植物がみられ,世
界自然遺産に登録されている。

③は「○○湖」
ではなく,「○
○浦」だよ。

**ドラゴンの
ひみつ**
エンブジンはとても仲間思いで,仲間がや
られたときには必ずかたきをうつ。

答え合わせを
したら,㉘の
シールをはろう!

地図中の①〜⑥の地形の名前を書きましょう。

① （　　若狭湾　　）

入り江と岬が入り組んだ海岸がみられ，原子力発電所が多い。

② （日本アルプス）
（日本の屋根）

高くてけわしい飛驒山脈，木曽山脈，赤石山脈をまとめたよび名。

③ （　　信濃川　　）

日本一長い川。下流には，米づくりがさかんな越後平野が広がる。

④ （　甲府盆地　）

くだものづくりがさかんで，ぶどう・ももの日本一の産地。

⑤ （　濃尾平野　）

土地が低く，洪水をふせぐためにまわりを堤防でかこんだ輪中がみられる。

⑥ （　　富士山　　）

山梨県と静岡県にまたがる，日本一高い山。

③の川は，長野県内では「千曲川」とよばれているよ。

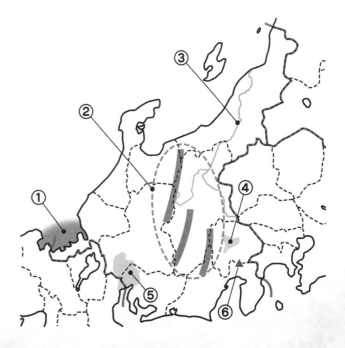

73

2 地図中の①～⑥の地形の名前を書きましょう。

① (　　　　　　　　)

入り江と岬が入り組んだ海岸がみられ，原子力発電所が多い。

② (　　　　　　　　)

高くてけわしい飛驒山脈，木曽山脈，赤石山脈をまとめたよび名。

③ (　　　　　　　　)

日本一長い川。下流には，米づくりがさかんな越後平野が広がる。

④ (　　　　　　　　)

くだものづくりがさかんで，ぶどう・ももの日本一の産地。

⑤ (　　　　　　　　)

土地が低く，洪水をふせぐためにまわりを堤防でかこんだ輪中がみられる。

⑥ (　　　　　　　　)

山梨県と静岡県にまたがる，日本一高い山。

②はヨーロッパのアルプス山脈にちなんで名づけられたよ。

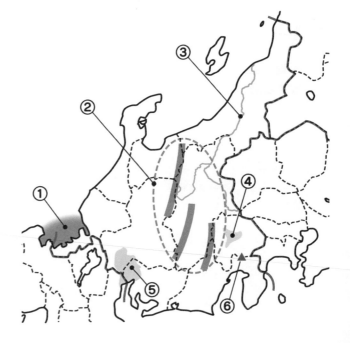

ドラゴンの ひみつ　戦いのときには，エンブジンが一番後ろに立って指揮をとる。

答え合わせをしたら，㉙のシールをはろう！

1 地図中の①～⑥の地形の名前を書きましょう。

① (　　琵琶湖　　)

日本一大きな湖。滋賀県の面積の約6分の1をしめる。

② (　　淀川　　)

①の湖から流れ出るただ1つの川。大阪湾に注ぐ。

③ (　　淡路島　　)

兵庫県の島。たまねぎづくりがさかん。

④ (　　紀ノ川　　)

有田川とともに，流域でみかん・かきづくりがさかん。

⑤ (　　紀伊山地　　)

けわしい山地。林業がさかんで，吉野すぎや尾鷲ひのきの産地。

⑥ (　　志摩半島　　)

入り江と岬が入り組んだ海岸がみられ，英虞湾で真じゅの養しょく。

②の川は，滋賀県では「瀬田川」，京都府では「宇治川」とよばれているよ。

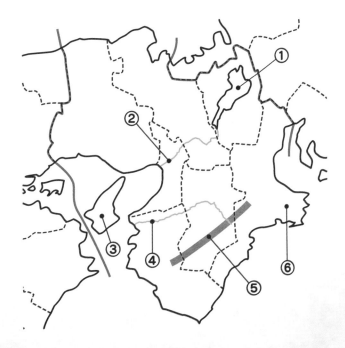

② 地図中の①～⑥の地形の名前を書きましょう。

① (　　　　　　　　　　)

日本一大きな湖。滋賀県の面積の約6分の1をしめる。

② (　　　　　　　　　　)

①の湖から流れ出るただ1つの川。大阪湾に注ぐ。

③ (　　　　　　　　　　)

兵庫県の島。たまねぎづくりがさかん。

④ (　　　　　　　　　　)

有田川とともに，流域でみかん・かきづくりがさかん。

⑤ (　　　　　　　　　　)

けわしい山地。林業がさかんで，吉野すぎや尾鷲ひのきの産地。

⑥ (　　　　　　　　　　)

入り江と岬が入り組んだ海岸がみられ，英虞湾で真珠の養しょく。

①と②からえられる水は，近畿地方の人々の生活に欠かせないよ。

ドラゴンのひみつ

エンブジンの二本の刀は「双刀天神龍覇」（そうとうあめのしんりゅうは）という。

答え合わせをしたら，㉚のシールをはろう！

自然の名前⑤
中国・四国地方

月　日

答え 95 ページ

1　地図中の①〜⑥の地形の名前を書きましょう。

① （ 鳥取砂丘 ）

日本最大級の砂丘。まわりでらっきょうづくりがさかん。

② （ 中国山地 ）

低くてなだらかな山地。この山地より北を山陰，南を山陽という。

③ （ 瀬戸内海 ）

波がおだやかで，たくさんの島々がある。

④ （ 讃岐平野 ）

雨が少なく昔から水不足になやまされ，ため池がつくられた。

⑤ （ 吉野川 ）

「四国三郎」の別名をもつ。下流に徳島平野が広がる。

⑥ （ 四国山地 ）

高くてけわしい山地。

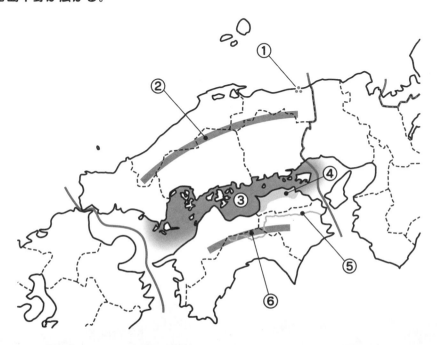

① (　　　　　　　　　　　　　)

日本最大級の砂丘。まわりでらっきょうづくりがさかん。

② (　　　　　　　　　　　　　)

低くてなだらかな山地。この山地より北を山陰，南を山陽という。

③ (　　　　　　　　　　　　　)

波がおだやかで，たくさんの島々がある。

④ (　　　　　　　　　　　　　)

雨が少なく昔から水不足になやまされ，ため池がつくられた。

⑤ (　　　　　　　　　　　　　)

「四国三郎」の別名をもつ。下流に徳島平野が広がる。

⑥ (　　　　　　　　　　　　　)

高くてけわしい山地。

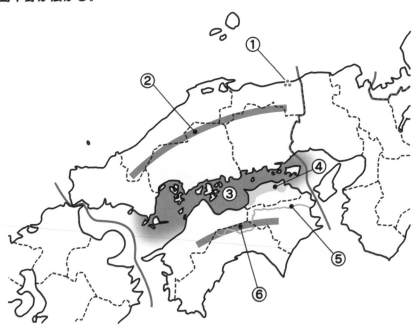

ドラゴンのひみつ　エンブジンの二本の刀は，先祖から受けついだ，由しょ正しい刀だ。

答え合わせをしたら，㉛のシールをはろう！

78

自然の名前⑥
九州地方

 月　日

答え **95** ページ

1 地図中の①〜⑥の地形の名前を書きましょう。

① （　筑紫山地　）

低くてなだらかな山地。

② （　筑後川　）

流域の筑紫平野では米づくりがさかん。「筑紫次郎」の別名がある。

③ （　有明海　）

のりの養しょくがさかん。干潟にムツゴロウがすむ。

④ （　阿蘇山　）

世界最大級のカルデラ（火山のふん火でできたくぼ地）をもつ火山。

⑤ （　桜島（御岳）　）

最近もたびたびふん火をくり返している火山。

⑥ （　屋久島　）

「縄文すぎ」が有名で，世界自然遺産に登録されている。

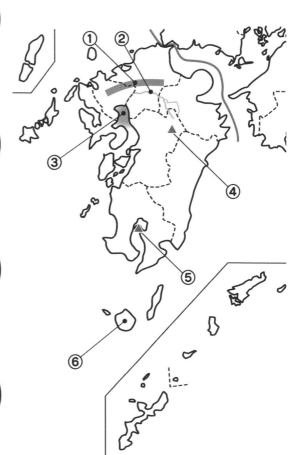

地図中の①〜⑥の地形の名前を書きましょう。

① (　　　　　　　　　　　)

低くてなだらかな山地。

② (　　　　　　　　　　　　　)

流域の筑紫平野では米づくりがさかん。「筑紫次郎」の別名がある。

③ (　　　　　　　　　　　)

のりの養しょくがさかん。干潟にムツゴロウがすむ。

④ (　　　　　　　　　　　)

世界最大級のカルデラ（火山のふん火でできたくぼ地）をもつ火山。

⑤ (　　　　　　　　　　　)

最近もたびたびふん火をくり返している火山。

⑥ (　　　　　　　　　　　)

「縄文すぎ」が有名で，世界自然遺産に登録されている。

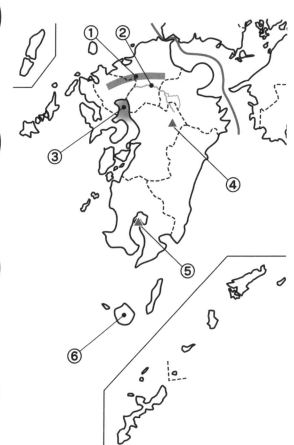

ドラゴンのひみつ　エンブジンのよろいは，巨大なドラゴンのほのおにもたえられる。

答え合わせをしたら，㉜のシールをはろう！

なんでもベスト5

 空らんにあてはまる都道府県や地形の名前を書きましょう。

面積が広い都道府県　ベスト5

	都道府県	面積
1位	① 北海道	83424㎢
2位	岩手県	15275㎢
3位	福島県	13784㎢
4位	長野県	13562㎢
5位	新潟県	12584㎢

(2020年)

人口が多い都道府県　ベスト5

	都道府県	人口
1位	② 東京都	1405万人
2位	神奈川県	924万人
3位	大阪府	884万人
4位	愛知県	754万人
5位	埼玉県	735万人

(2020年)

高い山　ベスト5

	山の名前	高さ
1位	③ 富士山	3776m
2位	北岳	3193m
3位	穂高岳(奥穂高)	3190m
3位	間ノ岳	3190m
5位	槍ケ岳	3180m

長い川　ベスト5

	川の名前	長さ
1位	④ 信濃川	367km
2位	利根川	322km
3位	石狩川	268km
4位	天塩川	256km
5位	北上川	249km

空らんにあてはまる地形の名前を書きましょう。

広い湖　ベスト5

	湖の名前	面積
1位	① 琵琶湖	669㎢
2位	霞ケ浦 （かすみがうら）	168㎢
3位	サロマ湖 （こ）	152㎢
4位	猪苗代湖 （いなわしろこ）	103㎢
5位	中海 （なかうみ）	86㎢

大きい島　ベスト5

	島の名前	面積
1位	② 択捉島	3167㎢
2位	国後島 （くなしりとう）	1489㎢
3位	沖縄島 （おきなわじま）	1208㎢
4位	佐渡島 （さどしま）	855㎢
5位	大島（奄美大島） （おおしま　あまみおおしま）	712㎢

※本州，北海道，九州，四国はのぞく。

ライドウ

 **ドラゴンの
ひみつ**　エンブジンは戦いのときに，自分の名前を
名乗ってから戦う。

答え合わせを
したら，㉝の
シールをはろう！

34 日本のはしと まわりの国々

月　　日

答え **96** ページ

1 地図中の①・②の国の名前と，日本の東西南北のはしにあたる③〜⑥の島の名前を書きましょう。

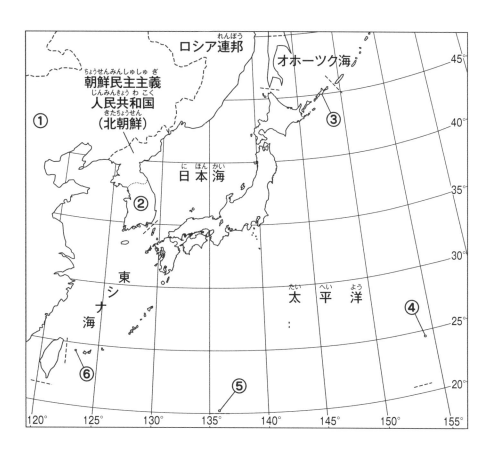

① (中華人民共和国)　② (大韓民国)

③ (択捉島)　④ (南鳥島)

⑤ (沖ノ鳥島)　⑥ (与那国島)

2 地図中の①・②の国の名前と，日本の東西南北のはしにあたる③〜⑥の島の名前を書きましょう。

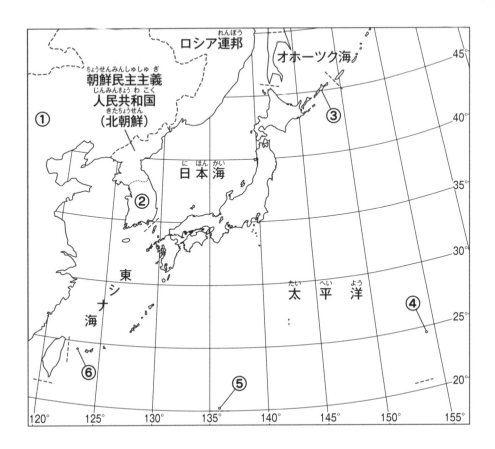

① (　　　　　　　)　② (　　　　　　　)

③ (　　　　　　　)　④ (　　　　　　　)

⑤ (　　　　　　　)　⑥ (　　　　　　　)

ドラゴンの　ひみつ　エンプジンは1体で100体の敵を相手に戦える。

答え合わせをしたら，㉞のシールをはろう！

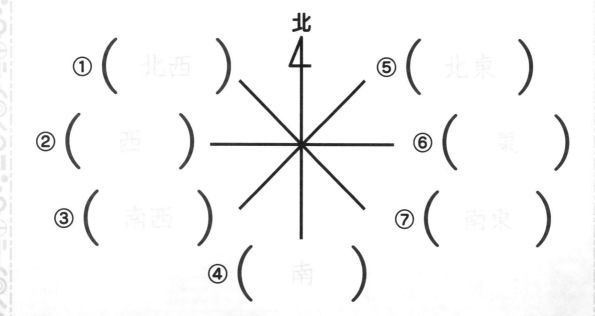

1 次の地図記号が表す建物や土地利用を書きましょう。

◎	①	市役所	⊗	⑧	高等学校	凸	⑮	城あと
‖ ‖ ‖	②	田	∧ ∧ ∧	⑨	針葉樹林	⊞	⑯	病院
˅ ˅ ˅	③	畑	☼	⑩	発電所	⊓	⑰	神社
◦ ◦ ◦	④	果樹園	⊗	⑪	警察署	卍	⑱	寺
∴ ∴	⑤	茶畑	Y	⑫	消防署	血	⑲	博物館
×	⑥	文書	⊖	⑬	ゆうびん局	📖	⑳	図書館
ꝏ ꝏ ꝏ	⑦	広葉樹林	文	⑭	小・中学校	⌂	㉑	老人ホーム

2 次の（　）にあてはまる方位を書きましょう。

北

① （ 北西 ）　　⑤ （ 北東 ）

② （ 西 ）　　⑥ （ 東 ）

③ （ 南西 ）　　⑦ （ 南東 ）

④ （ 南 ）

3 次の地図記号が表す建物や土地利用を書きましょう。

◎	①	⊗	⑧	⊓	⑮
‖ ‖ ‖	②	⋀ ⋀ ⋀	⑨	⊕	⑯
˅ ˅ ˅	③	☼	⑩	⊤	⑰
⟋ ⟋ ⟋	④	⊗	⑪	卍	⑱
⋰ ⋱	⑤	Ψ	⑫	血	⑲
✕	⑥	⊖	⑬	📖	⑳
◠ ◠ ◠	⑦	文	⑭	🏠	㉑

4 次の（　　）にあてはまる方位を書きましょう。

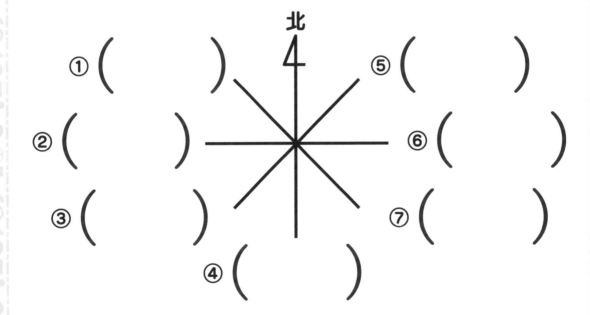

北

① (　　　　　)　　　　　⑤ (　　　　　)

② (　　　　　)　　　　　⑥ (　　　　　)

③ (　　　　　)　　　　　⑦ (　　　　　)

④ (　　　　　)

ドラゴンの
ひみつ

エンブジンの姿を見ただけで，おびえてに
げ出してしまう敵もいる。

答え合わせを
したら，㉟の
シールをはろう！

36 まとめテスト④

月　日

答え **96** ページ

1 地図中の①～⑧の地形の名前を書きましょう。

① (　　　　　　　　　)

日本で3番目に長い川。

② (　　　　　　　　　)

「東北地方のせぼね」とよばれる。

③ (　　　　　　　　　)

ぶどう・ももの日本一の産地。

④ (　　　　　　　　　)

波がおだやかで，たくさんの島。

⑤ (　　　　　　　　　)

日本で2番目に長い川。

⑥ (　　　　　　　　　)

けわしい山地。林業がさかん。

⑦ (　　　　　　　　　)

雨が少なくため池がつくられた。

⑧ (　　　　　　　　　)

世界最大級のカルデラをもつ。

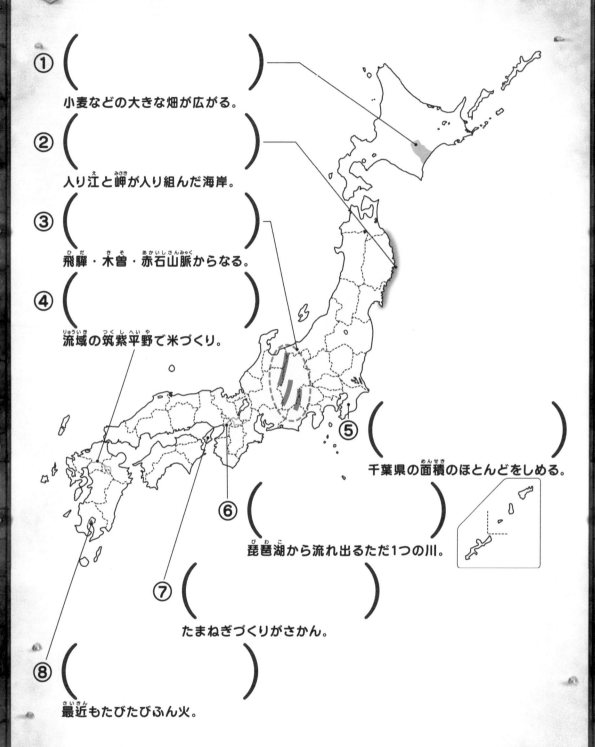

②　地図中の①〜⑧の地形の名前を書きましょう。

① (　　　　　　　　　　)

小麦などの大きな畑が広がる。

② (　　　　　　　　　　)

入り江と岬が入り組んだ海岸。

③ (　　　　　　　　　　)

飛騨・木曽・赤石山脈からなる。

④ (　　　　　　　　　　)

流域の筑紫平野で米づくり。

⑤ (　　　　　　　　　　)

千葉県の面積のほとんどをしめる。

⑥ (　　　　　　　　　　)

琵琶湖から流れ出るただ1つの川。

⑦ (　　　　　　　　　　)

たまねぎづくりがさかん。

⑧ (　　　　　　　　　　)

最近もたびたびふん火。

ドラゴンの ひみつ　エンブジンはりゅうじん族のうち，東洋の 国にすむ部族のリーダーである。

答え合わせを したら，㊱の シールをはろう！

答え

おうちの方へ

まちがえた問題は，見直しをして
しっかり理解させましょう。

① 地方区分　17〜18 ページ

① ① 北海道地方　② 東北地方
③ 中部地方　④ 中国地方
⑤ 関東地方　⑥ 近畿地方
⑦ 四国地方　⑧ 九州地方

② ① 北海道地方　② 東北地方
③ 中部地方　④ 中国地方
⑤ 関東地方　⑥ 近畿地方
⑦ 四国地方　⑧ 九州地方

アドバイス　ここでは8つの地方に
分けていますが，中国地方と四国
地方をまとめて中国・四国地方と
して，全国を7つの地方に分けるこ
ともあります。

② 都道府県の名前①　北海道・東北地方　19〜20 ページ

① ① 北海道　② 青森県
③ 岩手県　④ 宮城県
⑤ 秋田県　⑥ 山形県
⑦ 福島県

② ① 北海道　② 青森県
③ 岩手県　④ 宮城県
⑤ 秋田県　⑥ 山形県
⑦ 福島県

アドバイス　北海道は最も北にある
都道府県です。東北地方には6つの
県があって，東北地方の中で最も北
にある青森県は，北海道と青函トン
ネルで結ばれています。

③ 都道府県の名前②　関東地方　21〜22 ページ

① ① 茨城県　② 栃木県
③ 群馬県　④ 埼玉県
⑤ 千葉県　⑥ 東京都
⑦ 神奈川県

② ① 茨城県　② 栃木県
③ 群馬県　④ 埼玉県
⑤ 千葉県　⑥ 東京都
⑦ 神奈川県

アドバイス　関東北部の3県はまち
がえやすいので気をつけましょう。

④ 都道府県の名前③　中部地方　23〜24 ページ

① ① 新潟県　② 富山県
③ 石川県　④ 福井県
⑤ 山梨県　⑥ 長野県
⑦ 岐阜県　⑧ 静岡県
⑨ 愛知県

② ① 新潟県　② 富山県
③ 石川県　④ 福井県
⑤ 山梨県　⑥ 長野県
⑦ 岐阜県　⑧ 静岡県
⑨ 愛知県

アドバイス　中部地方は，さらに3
つの地域に分けることができます。
北陸（新潟県・富山県・石川県・福
井県），中央高地（山梨県・長野
県・岐阜県北部），東海（岐阜県南
部・静岡県・愛知県）の3つです。

5 都道府県の名前④ 近畿地方　25～26ページ

① ① 三重県　② 滋賀県
　③ 京都府　④ 大阪府
　⑤ 兵庫県　⑥ 奈良県
　⑦ 和歌山県

② ① 三重県　② 滋賀県
　③ 京都府　④ 大阪府
　⑤ 兵庫県　⑥ 奈良県
　⑦ 和歌山県

アドバイス 近畿地方は，2府，5県からなります。

6 都道府県の名前⑤ 中国・四国地方　27～28ページ

① ① 鳥取県　② 島根県
　③ 岡山県　④ 広島県
　⑤ 山口県　⑥ 徳島県
　⑦ 香川県　⑧ 愛媛県
　⑨ 高知県

② ① 鳥取県　② 島根県
　③ 岡山県　④ 広島県
　⑤ 山口県　⑥ 徳島県
　⑦ 香川県　⑧ 愛媛県
　⑨ 高知県

アドバイス 鳥取県と島根県の位置と名前はまちがえやすいので気をつけましょう。

7 都道府県の名前⑥ 九州地方　29～30ページ

① ① 福岡県　② 佐賀県
　③ 長崎県　④ 熊本県
　⑤ 大分県　⑥ 宮崎県
　⑦ 鹿児島県　⑧ 沖縄県

② ① 福岡県　② 佐賀県
　③ 長崎県　④ 熊本県
　⑤ 大分県　⑥ 宮崎県
　⑦ 鹿児島県　⑧ 沖縄県

アドバイス 五島列島や壱岐，対馬などの島々は長崎県にぞくするよ。

8 まとめテスト①　31～32ページ

① ① 北海道　② 秋田県
　③ 岐阜県　④ 岡山県
　⑤ 群馬県　⑥ 京都府
　⑦ 高知県　⑧ 熊本県

② ① イ　② ア
　③ ア　④ イ

③ ① 関東　② 近畿
　③ 中部　④ 東北

アドバイス 都道府県の名前と地方の名前をすぐに結びつけられるようにしましょう。

9 都道府県庁所在地の名前① 北海道・東北地方　33～34ページ

① ① 札幌市　② 青森市
　③ 盛岡市　④ 仙台市
　⑤ 秋田市　⑥ 山形市
　⑦ 福島市

② ① 札幌市　② 青森市
　③ 盛岡市　④ 仙台市
　⑤ 秋田市　⑥ 山形市
　⑦ 福島市

アドバイス 北海道の道庁所在地の札幌市には，北海道の全人口の40％近くが集中しています。

アドバイス　栃木県には栃木市もありますが，県庁所在地は宇都宮市なので気をつけましょう。

アドバイス　名古屋市は東京・大阪とともに日本三大都市の１つです。

アドバイス　三重県と滋賀県の県庁所在地をまちがえないよう注意。

アドバイス　松江市と松山市のように，にた名前に気をつけましょう。

アドバイス　那覇市以外は，すべて県名と県庁所在地名が同じです。

1 ① 札幌市 ② 仙台市
③ 金沢市 ④ 松江市
⑤ 宇都宮市 ⑥ 津市
⑦ 松山市 ⑧ 那覇市

2

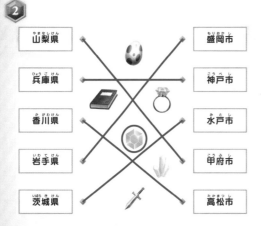

山梨県	盛岡市
兵庫県	神戸市
香川県	水戸市
岩手県	甲府市
茨城県	高松市

アドバイス 都道府県名と都道府県庁所在地名がことなるところは，全部で18あります（埼玉県のさいたま市をふくめる）。全部言えるようにしましょう。

1 ① 宮城県 ② 北海道
③ 山形県 ④ 岩手県
⑤ 秋田県 ⑥ 青森県

2 ① 千葉県 ② 群馬県
③ 茨城県 ④ 福島県
⑤ 埼玉県 ⑥ 栃木県

アドバイス 岩手県は三陸海岸のギザギザした海岸線が特色です。青森県は，陸奥湾をかこむ津軽半島と下北半島の形を覚えておきましょう。

1 ① 新潟県 ② 石川県
③ 東京都 ④ 富山県
⑤ 神奈川県 ⑥ 福井県

2 ① 山梨県 ② 愛知県
③ 三重県 ④ 岐阜県
⑤ 長野県 ⑥ 静岡県

アドバイス 新潟県は佐渡島があることを覚えておきましょう。石川県は，日本海につき出た能登半島の形が特色です。福井県は，若狭湾のギザギザした海岸線がポイントです。愛知県は，三河湾をかこむ知多半島と渥美半島の形が特色で，クワガタのアゴのような形をしています。三重県や長野県は，南北に長い形をしているので覚えておきましょう。

1 ① 大阪府 ② 奈良県
③ 兵庫県 ④ 和歌山県
⑤ 滋賀県 ⑥ 京都府

2 ① 広島県 ② 島根県
③ 山口県 ④ 徳島県
⑤ 岡山県 ⑥ 鳥取県

アドバイス 大阪府南部の沖合には，人工島につくられた関西国際空港があります。兵庫県の南部には，大きな淡路島があることを覚えておきましょう。滋賀県は，日本一大きな琵琶湖が，県面積の約6分の1をしめています。島根県には，日本海にある隠岐諸島や竹島もふくまれます。

19 都道府県の形④ 53～54ページ

1
① 佐賀県 ② 香川県
③ 高知県 ④ 長崎県
⑤ 愛媛県 ⑥ 福岡県

2
① 鹿児島県 ② 熊本県
③ 沖縄県 ④ 宮崎県
⑤ 大分県

アドバイス 香川県は小豆島，長崎県は五島列島や壱岐，対馬，鹿児島県は屋久島や種子島，大島（奄美大島），熊本県は天草諸島があることを覚えておきましょう。

20 都道府県の特色① 55～56ページ

1
① 宮城県 ② 北海道
③ 青森県 ④ 岩手県

2
① 福島県 ② 茨城県
③ 秋田県 ④ 山形県

アドバイス 青森県の青森ねぶた祭，宮城県の仙台七夕まつり，秋田県の秋田竿燈まつりが東北三大祭りです。青森県のりんごの生産量は全国の約60％，山形県のさくらんぼの生産量は全国の約4分の3をしめています（2020年）。

21 都道府県の特色② 57～58ページ

1
① 群馬県 ② 埼玉県
③ 千葉県 ④ 栃木県

2
① 東京都 ② 新潟県
③ 神奈川県 ④ 富山県

アドバイス 千葉県の成田国際空港は，貿易額・出入国者数が日本一の空港です。東京都は日本の首都で，日本の政治やけいざいの中心地となっていて，国会議事堂などがあります。

22 都道府県の特色③ 59～60ページ

1
① 福井県 ② 石川県
③ 長野県 ④ 山梨県

2
① 愛知県 ② 静岡県
③ 三重県 ④ 岐阜県

アドバイス 福井県の鯖江市ではめがねわく（フレーム）の生産がさかんで，全国の生産の90％以上を福井県がしめています。日本三名園は石川県の兼六園，茨城県の偕楽園，岡山県の後楽園です。三重県の志摩半島の英虞湾は，世界で初めて真じゅの養しょくに成功した場所です。

23 都道府県の特色④ 61～62ページ

1
① 滋賀県 ② 兵庫県
③ 大阪府 ④ 京都府

2
① 和歌山県 ② 島根県
③ 鳥取県 ④ 奈良県

アドバイス 滋賀県の琵琶湖の水は，近畿地方に住む約1400万人の人に利用されています。京都府の金閣や銀閣などは「古都京都の文化財」として，世界文化遺産に登録されています。

24 都道府県の特色⑤　63〜64ページ

1
① 徳島県　② 山口県
③ 広島県　④ 岡山県

2
① 愛媛県　② 香川県
③ 福岡県　④ 高知県

アドバイス　「阿波」は徳島県の昔の国名で，「さぬき（讃岐）」は香川県の昔の国名です。瀬戸大橋は，岡山県の倉敷市児島と香川県の坂出市を結んでいます。また，広島県の尾道市と愛媛県の今治市は，しまなみ海道で結ばれています。

25 都道府県の特色⑥　65〜66ページ

1
① 熊本県　② 長崎県
③ 佐賀県　④ 大分県

2
① 沖縄県　② 宮崎県
③ 鹿児島県

アドバイス　大分県はかぼすのほかに，ほししいたけの生産量も日本一です。かつて琉球王国という独立国だった沖縄県には，独自の文化が残っています。肉用にわとりの飼育がさかんな宮崎県では，「地頭鶏（じとっこ）」という地鶏が有名です。鹿児島県では，茶やかつお節の生産もさかんです。

26 まとめテスト③　67〜68ページ

1
① 長崎県　② 広島県
③ 兵庫県　④ 愛知県
⑤ 千葉県　⑥ 青森県

2

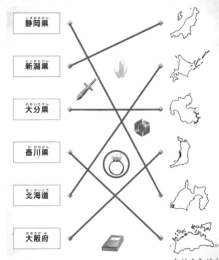

静岡県
新潟県
大分県
香川県
北海道
大阪府

アドバイス　島の数が多い長崎県は，海岸線の長さも北海道について全国第2位です。兵庫県の淡路島は，明石海峡大橋で本州と結ばれていて，四国の徳島県とは大鳴門橋で結ばれています。愛知県を中心に形成されている中京工業地帯は，日本一の工業生産額をほこります。

27 自然の名前①　北海道・東北地方　69〜70ページ

1
① 石狩川　② 十勝平野
③ 白神山地　④ 奥羽山脈
⑤ 最上川　⑥ 三陸海岸

2
① 石狩川　② 十勝平野
③ 白神山地　④ 奥羽山脈
⑤ 最上川　⑥ 三陸海岸

アドバイス　石狩川流域の石狩平野では米づくりがさかんです。山形県の最上川，静岡県の富士川，熊本県の球磨川が日本三大急流です。松尾芭蕉の「五月雨を あつめてはやし 最上川」の俳句でも有名です。入り江と岬が入り組んだ海岸地形をリアス海岸といいます。

28 自然の名前② 関東地方　71～72 ページ

1 ①浅間山（あさまやま）②関東平野（かんとうへいや）
③霞ケ浦（かすみがうら）④利根川（とねがわ）
⑤房総半島（ぼうそうはんとう）⑥小笠原諸島（おがさわらしょとう）

2 ①浅間山（あさまやま）②関東平野（かんとうへいや）
③霞ケ浦（かすみがうら）④利根川（とねがわ）
⑤房総半島（ぼうそうはんとう）⑥小笠原諸島（おがさわらしょとう）

アドバイス　浅間山（あさまやま）のふもとの群馬（ぐんま）県嬬恋村（けんつまごいむら）は，キャベツの一大産地（さんち）になっています。房総半島（ぼうそうはんとう）南部では，カーネーションなどの花のさいばいがさかんです。

29 自然の名前③ 中部地方　73～74 ページ

1 ①若狭湾（わかさわん）
②日本アルプス（日本の屋根）
③信濃川（しなのがわ）④甲府盆地（こうふぼんち）
⑤濃尾平野（のうびへいや）⑥富士山（ふじさん）

2 ①若狭湾（わかさわん）
②日本アルプス（日本の屋根）
③信濃川（しなのがわ）④甲府盆地（こうふぼんち）
⑤濃尾平野（のうびへいや）⑥富士山（ふじさん）

アドバイス　若狭湾（わかさわん）にはリアス海岸（かいがん）がみられます。濃尾平野（のうびへいや）には，木曽（きそ）川・長良川（ながらがわ）・揖斐川（いびがわ）の木曽三川（きそさんせん）が流れていて，下流域（かりゅういき）は昔から水害（すいがい）になやまされてきました。

30 自然の名前④ 近畿地方　75～76 ページ

1 ①琵琶湖（びわこ）②淀川（よどがわ）
③淡路島（あわじしま）④紀ノ川（きのかわ）
⑤紀伊山地（きいさんち）⑥志摩半島（しまはんとう）

2 ①琵琶湖（びわこ）②淀川（よどがわ）
③淡路島（あわじしま）④紀ノ川（きのかわ）
⑤紀伊山地（きいさんち）⑥志摩半島（しまはんとう）

アドバイス　紀伊山地（きいさんち）の南側にある三重県（みえけん）の尾鷲市（おわせし）は，日本でも有数の雨が多い地域（ちいき）です。志摩半島（しまはんとう）にはリアス海岸がみられます。

31 自然の名前⑤ 中国・四国地方　77～78 ページ

1 ①鳥取砂丘（とっとりさきゅう）②中国山地（ちゅうごくさんち）
③瀬戸内海（せとないかい）④讃岐平野（さぬきへいや）
⑤吉野川（よしのがわ）⑥四国山地（しこくさんち）

2 ①鳥取砂丘（とっとりさきゅう）②中国山地（ちゅうごくさんち）
③瀬戸内海（せとないかい）④讃岐平野（さぬきへいや）
⑤吉野川（よしのがわ）⑥四国山地（しこくさんち）

アドバイス　讃岐平野（さぬきへいや）では，吉野川（よしのがわ）から水を引く香川用水（かがわ）ができて，水不足（みずぶそく）になることは少なくなりました。

32 自然の名前⑥ 九州地方　79～80 ページ

1 ①筑紫山地（つくしさんち）②筑後川（ちくごがわ）
③有明海（ありあけかい）④阿蘇山（あそさん）
⑤桜島（御岳）（さくらじま・おんたけ）⑥屋久島（やくしま）

2 ①筑紫山地（つくしさんち）②筑後川（ちくごがわ）
③有明海（ありあけかい）④阿蘇山（あそさん）
⑤桜島（御岳）（さくらじま・おんたけ）⑥屋久島（やくしま）

アドバイス　「筑紫（つくし）」山地，「筑後（ちくご）」川，「筑紫（つくし）」平野の名前をまちがえないようにしましょう。屋久島（やくしま）の「縄文すぎ（じょうもん）」は，推定（すいてい）2000年以上（いじょう）生きてきたといわれています。

33 なんでもベスト5　81～82 ページ

1 ① 北海道　② 東京都
③ 富士山　④ 信濃川

2 ① 琵琶湖　② 択捉島

アドバイス ちなみに面積が最も小さい都道府県は香川県で，北海道の面積は香川県の面積の40倍以上もあります。

34 日本のはしとまわりの国々　83～84 ページ

1 ① 中華人民共和国（中国）
② 大韓民国（韓国）
③ 択捉島　④ 南鳥島
⑤ 沖ノ鳥島　⑥ 与那国島

2 ① 中華人民共和国（中国）
② 大韓民国（韓国）
③ 択捉島　④ 南鳥島
⑤ 沖ノ鳥島　⑥ 与那国島

アドバイス 南鳥島は日本の南のはしではなく，東のはしの島です。

35 地図記号と方位　85～86 ページ

1 ① 市役所　② 田　③ 畑
④ 果樹園　⑤ 茶畑　⑥ 交番
⑦ 広葉樹林　⑧ 高等学校
⑨ 針葉樹林　⑩ 発電所
⑪ 警察署　⑫ 消防署
⑬ ゆうびん局　⑭ 小・中学校
⑮ 城あと　⑯ 病院　⑰ 神社
⑱ 寺　⑲ 博物館
⑳ 図書館　㉑ 老人ホーム

2 ① 北西　② 西　③ 南西
④ 南　⑤ 北東　⑥ 東　⑦ 南東

3 ① 市役所　② 田　③ 畑
④ 果樹園　⑤ 茶畑　⑥ 交番
⑦ 広葉樹林　⑧ 高等学校
⑨ 針葉樹林　⑩ 発電所
⑪ 警察署　⑫ 消防署
⑬ ゆうびん局　⑭ 小・中学校
⑮ 城あと　⑯ 病院　⑰ 神社
⑱ 寺　⑲ 博物館
⑳ 図書館　㉑ 老人ホーム

4 ① 北西　② 西　③ 南西
④ 南　⑤ 北東　⑥ 東　⑦ 南東

アドバイス 地図記号は，建物・しせつや土地利用の様子などをわかりやすい記号で表したものです。神社の鳥居など，多くは関連のあるものを図案化しています。

36 まとめテスト④　87～88 ページ

1 ① 石狩川　② 奥羽山脈
③ 甲府盆地　④ 瀬戸内海
⑤ 利根川　⑥ 紀伊山地
⑦ 讃岐平野　⑧ 阿蘇山

2 ① 十勝平野　② 三陸海岸
③ 日本アルプス（日本の屋根）
④ 筑後川　⑤ 房総半島
⑥ 淀川　⑦ 淡路島
⑧ 桜島（御岳）

アドバイス 甲府盆地は水はけがよく，くだもののさいばいに向いていて，ぶどうやももの一大産地になっています。桜島がふん火すると，まわりの鹿児島市などに火山灰がふることがあります。